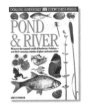
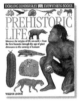

EYEWITNESS BOOKS — Dorling Kindersley

LIFE · LIGHT · MAMMAL · MANET · MARS · MATTER

MEDIEVAL LIFE · MONET · MONEY · MUMMY · MUSIC · MYTHOLOGY · NORTH AMERICAN INDIAN · OCEAN

OLYMPICS · PERSPECTIVE · PHOTOGRAPHY · PIRATE · PLANT · POND & RIVER · PREHISTORIC LIFE · PRESIDENTS

PYRAMID · RELIGION · RENAISSANCE · REPTILE · RESCUE · ROBOT · ROCKS & MINERALS · RUSSIA

SEASHORE · SHAKESPEARE · SHARK · SHELL · SHIPWRECK · SKELETON · SOCCER · SPACE

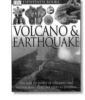

SPORTS · SPY · SUBMARINE · SUPER BOWL · TECHNOLOGY · TEXAS · TIME & SPACE · TITANIC

TRAIN · TREE · UNIVERSE · VAN GOGH · VIKING · VOLCANO & EARTHQUAKE · WATERCOLOR · WEATHER

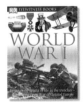
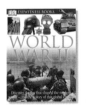

WHALE · WILD WEST · WITCHES & MAGIC-MAKERS · WORLD SERIES · WORLD WAR I · WORLD WAR II

Guías Visuales
DINOSAURIO

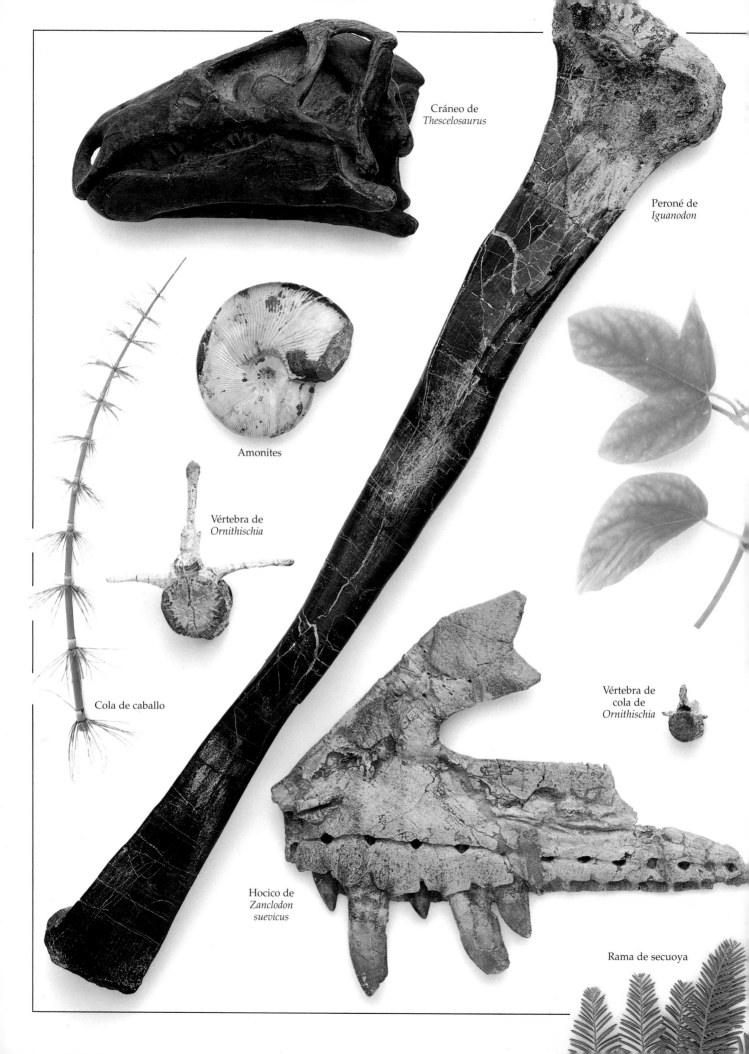

Cráneo de
Thescelosaurus

Peroné de
Iguanodon

Amonites

Vértebra de
Ornithischia

Vértebra de
cola de
Ornithischia

Cola de caballo

Hocico de
*Zanclodon
suevicus*

Rama de secuoya

Garra de
Chirostenotes

Hojas de
cornejo

Guías Visuales
DINOSAURIO

Escrito por
DR. DAVID NORMAN
Y
DRA. ANGELA MILNER

Hojas de
pasionaria

Garra de
Albertosaurus

Gastrolitos

Corte transversal de
vértebra de cola de
Iguanodon

Diente de adrosaurio

DK Publishing, Inc.

Diente de
Megalosaurus

Vértebra de
Hypsilophoon

Hojas de
gingko

Vértebra de
celurosaurio

Hueso de
dedo de
hadrosaurio

Dedo de
Ornithomimus

Fémur de
Dryosaurus

Rama de
araucaria

Diente de *Tyrannosaurus rex*

Hueso de
Morosaurus

DK

LONDRES, NUEVA YORK, MÚNICH,
MELBOURNE Y DELHI

Título original de la obra: *Dinosaur*
Copyright © 1989, © 2003 Dorling Kindersley Limited

Editora del proyecto Susan McKeever
Editor de arte Lester Cheeseman
Editora principal Sophie Mitchell
Editora principal de arte Miranda Kennedy
Jefa de redacción Sue Unstead
Director de arte Roger Priddy
Fotografía especial Colin Keates

Editora en EE. UU. Elizabeth Hester
Directora de arte Michelle Baxter
Ayudante de diseño Melissa Chung
Diseño DTP Milos Orlovic
Producción Chris Avgherinos
Asesor Producciones Smith Muñiz

Edición en español preparada por
Alquimia Ediciones, S. A. de C. V.
Río Balsas 127, 1° piso, Col. Cuauhtémoc
C. P. 06500, México, D. F.

Primera edición estadounidense, 2004
04 05 06 07 08 10 9 8 7 6 5 4 3 2 1

Publicado en Estados Unidos por DK Publishing, Inc.
375 Hudson Street, New York, New York 10014

Los créditos de la página 72 forman parte de esta página.

D.R. © 2004 DK Publishing, Inc.

A catalog record for this book is available from the Library of Congress.

ISBN 0-7566-0632-2 (HC) 0-7566-0797-3 (Library Binding)

Reproducción a color por Colourscan, Singapur
Impreso y encuadernado por Toppan Printing Co. (Shenzhen) Ltd.

Descubre más en

www.dk.com

Contenido

Cráneo de *Heterodontosaurus*

6
¿Qué eran los dinosaurios?

8
Descubrimientos

10
Ámbito de dinosaurios

12
Pequeños y grandes

14
La bestia de cuello largo

20
El relato de la defensa

22
La dieta de un dinosaurio

24
Los carnívoros

26
Los herbívoros

28
Cabezas raras

30
Cara con tres cuernos

32
Una piel áspera

34
Dinosaurios con placas

36
Los veloces

38
¿Dos o cuatro patas?

40
Huellas antiguas

42
Las garras y sus usos

44
Huevos y nidos

46
Nacimiento y desarrollo

48
Muerte de los dinosaurios

50
¿Dinosaurio o ave?

52
¿Cómo descubrirlos?

54
La reconstrucción

56
La cronología

60
El fin de una era

62
Mitos y leyendas

64
¿Sabías que…?

66
Clasificación de los dinosaurios

68
Descubre más

70
Glosario

72
Índice

¿Qué eran los dinosaurios?

Hace mucho tiempo vivió un extraordinario grupo de animales llamados dinosaurios. Sobrevivieron durante cerca de 150 millones de años y luego desaparecieron de la faz de la Tierra en la extinción más misteriosa que ha habido. Muchos eran gigantes, pero otros pequeños, del tamaño de un pollo. Algunos eran pacíficos y sólo comían plantas; otros eran fieros carnívoros con filosos dientes. Los dinosaurios eran reptiles, como la iguana viviente de esta página. Tenían la piel con escamas y ponían huevos. A diferencia del lagarto, que tiene patas cortas y extendidas, los dinosaurios tenían las patas largas, por lo que podían moverse con más eficacia. Muchos otros reptiles compartieron el mundo de los dinosaurios, pero en el mar y en el aire, pues áquellos sólo vivieron en la tierra. Hoy se sabe acerca de ellos gracias a que sus huesos y dientes se conservaron en las rocas como fósiles.

LAS CADERAS PUEDEN CONTAR UNA HISTORIA
Los dinosaurios se dividían en dos grupos de acuerdo con la estructura de los huesos de la cadera. Los dinosaurios saurisquios o con "caderas de lagarto" tenían caderas en las que los dos huesos más bajos señalaban en direcciones opuestas. Los dinosaurios ornitisquios o con "caderas de ave" tenían juntos los dos huesos más bajos de las caderas.

Tyrannosaurus rex
(caderas lagarto)

Huesos de cadera separados (saurisquios)

Iguanodon
(caderas de ave)

Huesos de caderas junto (ornitisquios)

LOS DINOSAURIOS NO VOLABAN
Los reptiles voladores, como los pterosaurios, que aquí se alimentan con un *Triceratops,* compartieron el mundo de los dinosaurios, pero no eran dinosaurios. Ningún dinosaurio podía volar.

Iguana

Garras filosas

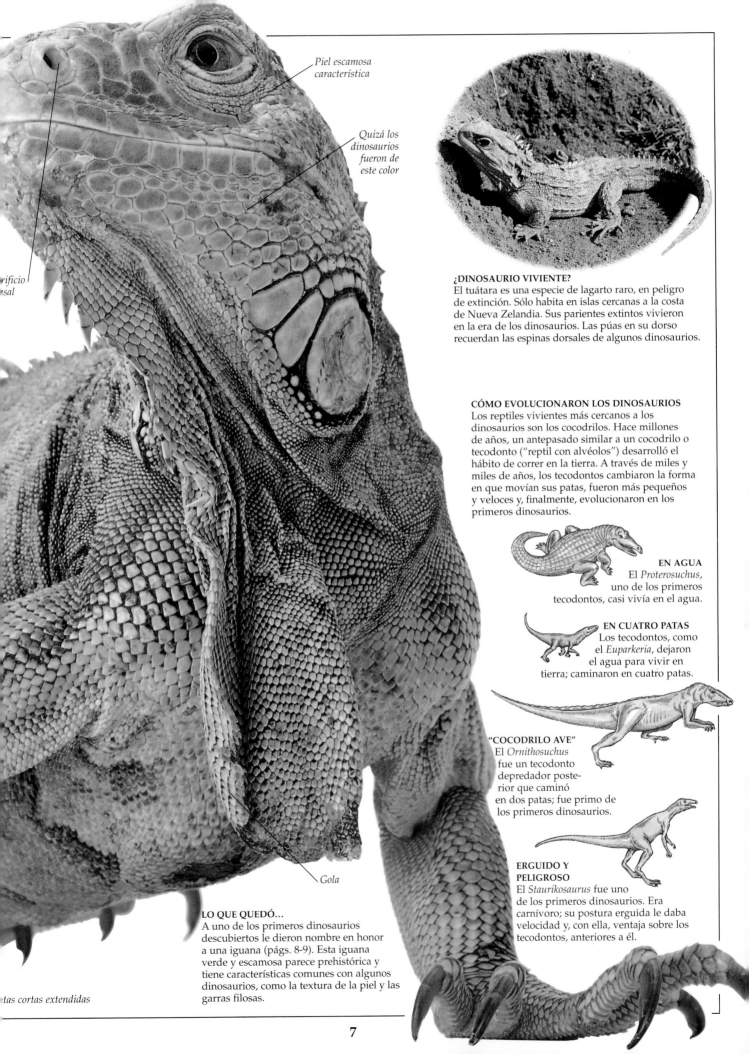

Piel escamosa
característica

Quizá los
dinosaurios
fueron de
este color

...rificio
...sal

¿DINOSAURIO VIVIENTE?

El tuátara es una especie de lagarto raro, en peligro de extinción. Sólo habita en islas cercanas a la costa de Nueva Zelandia. Sus parientes extintos vivieron en la era de los dinosaurios. Las púas en su dorso recuerdan las espinas dorsales de algunos dinosaurios.

CÓMO EVOLUCIONARON LOS DINOSAURIOS

Los reptiles vivientes más cercanos a los dinosaurios son los cocodrilos. Hace millones de años, un antepasado similar a un cocodrilo o tecodonto ("reptil con alvéolos") desarrolló el hábito de correr en la tierra. A través de miles y miles de años, los tecodontos cambiaron la forma en que movían sus patas, fueron más pequeños y veloces y, finalmente, evolucionaron en los primeros dinosaurios.

EN AGUA

El *Proterosuchus*, uno de los primeros tecodontos, casi vivía en el agua.

EN CUATRO PATAS

Los tecodontos, como el *Euparkeria*, dejaron el agua para vivir en tierra; caminaron en cuatro patas.

"COCODRILO AVE"

El *Ornithosuchus* fue un tecodonto depredador posterior que caminó en dos patas; fue primo de los primeros dinosaurios.

ERGUIDO Y PELIGROSO

El *Staurikosaurus* fue uno de los primeros dinosaurios. Era carnívoro; su postura erguida le daba velocidad y, con ella, ventaja sobre los tecodontos, anteriores a él.

Gola

LO QUE QUEDÓ...

A uno de los primeros dinosaurios descubiertos le dieron nombre en honor a una iguana (págs. 8-9). Esta iguana verde y escamosa parece prehistórica y tiene características comunes con algunos dinosaurios, como la textura de la piel y las garras filosas.

...tas cortas extendidas

Descubrimientos

Diente de
Iguanodon d
mandíbula
inferior

Diente de
mandíbula
superior

Borde
desgastac

LOS PRIMEROS DIENTE
Los dientes originales del *Iguanodon*
aún están incrustados en la piedra en
la que los encontraron los Mantell. El
borde superior de los dientes está
desgastado debido a que masticaba
plantas (págs. 26-27).

Aunque los restos de los dinosaurios tienen millones de años, la
gente no supo nada acerca de estas
extraordinarias criaturas sino hasta el
siglo XIX. Una de las primeras
personas en descubrir huesos de
dinosaurios fue un médico inglés
llamado Gideon Mantell, cuyo pasatiempo
era coleccionar rocas y fósiles. En 1820,
el doctor Mantell y su esposa Mary Ann
encontraron unos dientes grandes
incrustados en una piedra. Mantell nunca
había visto dientes como ésos y cuando
encontró unos huesos cerca, empezó a
investigar sobre el hallazgo. Después de mucho
trabajo, el doctor Mantell llegó a la conclusión de que los dientes y los
huesos habían pertenecido a un reptil gigante, al que llamó *Iguanodon*,
que significa "diente de iguana" (págs. 6-7). Poco después descubrieron
otros dos reptiles gigantes en Gran Bretaña y los nombraron
Megalosaurus e *Hylaeosaurus*. Fue hasta 1841 que tuvieron un nombre
de grupo. Un científico de la época, Sir Richard Owen, declaró que
debían llamarse "dinosaurios", que significa
"lagartos terribles". Así se inició una excitante
época de descubrimientos en el mundo
científico y la caza de dinosaurios.

*El cuerno en la nariz era en
realidad un púa del pulgar*

*Cola larga, parecida a un
látigo, como de iguana*

UN BOCETO
El doctor Mantell había descubiert
una colección de huesos y diente
pero, ¿qué apariencia tuvo en vid
el dueño de esos huesos? Mante
lo dibujó como un lagarto gigant
similar a una iguana, sobre un
rama, ¡con la púa del pulga
(sólo encontró una) colocad
en la nari

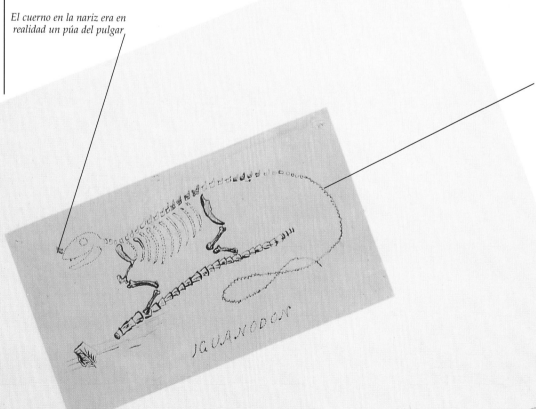

Dibujo original del
Iguanodon, según
Gideon Mantell

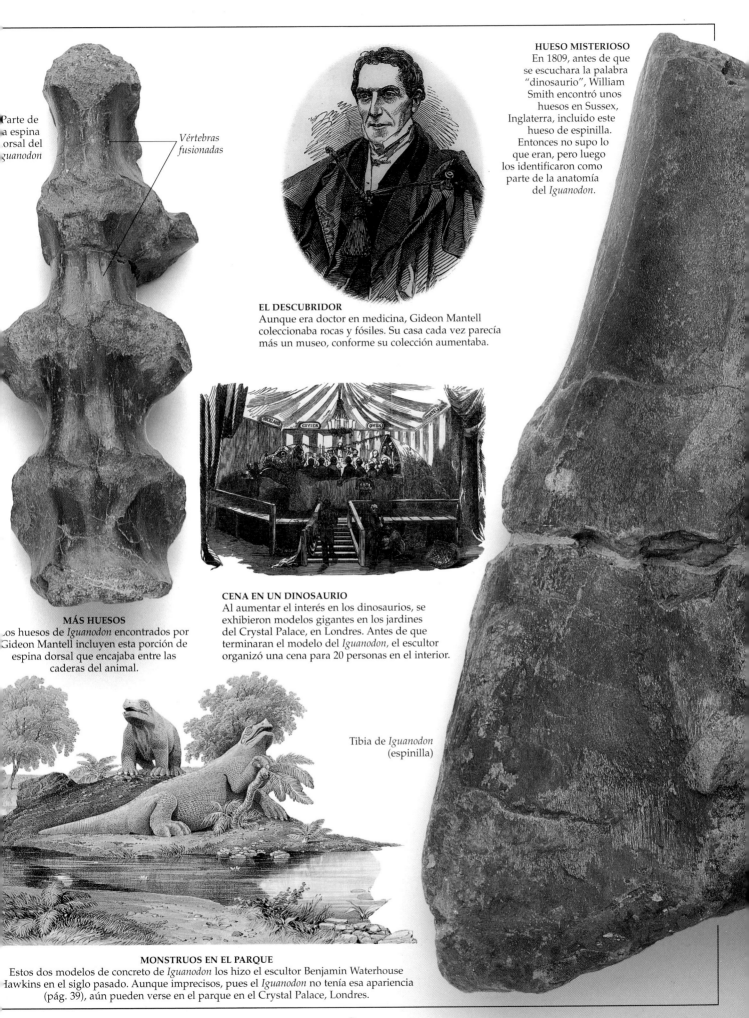

Parte de
la espina
dorsal del
Iguanodon

Vértebras
fusionadas

HUESO MISTERIOSO
En 1809, antes de que
se escuchara la palabra
"dinosaurio", William
Smith encontró unos
huesos en Sussex,
Inglaterra, incluido este
hueso de espinilla.
Entonces no supo lo
que eran, pero luego
los identificaron como
parte de la anatomía
del *Iguanodon*.

EL DESCUBRIDOR
Aunque era doctor en medicina, Gideon Mantell
coleccionaba rocas y fósiles. Su casa cada vez parecía
más un museo, conforme su colección aumentaba.

CENA EN UN DINOSAURIO
Al aumentar el interés en los dinosaurios, se
exhibieron modelos gigantes en los jardines
del Crystal Palace, en Londres. Antes de que
terminaran el modelo del *Iguanodon*, el escultor
organizó una cena para 20 personas en el interior.

MÁS HUESOS
Los huesos de *Iguanodon* encontrados por
Gideon Mantell incluyen esta porción de
espina dorsal que encajaba entre las
caderas del animal.

Tibia de *Iguanodon*
(espinilla)

MONSTRUOS EN EL PARQUE
Estos dos modelos de concreto de *Iguanodon* los hizo el escultor Benjamin Waterhouse
Hawkins en el siglo pasado. Aunque imprecisos, pues el *Iguanodon* no tenía esa apariencia
(pág. 39), aún pueden verse en el parque en el Crystal Palace, Londres.

Ámbito de dinosaurios

Araucaria: *Araucaria araucana*

Los dinosaurios vivieron en la Tierra cerca de 150 millones de años y no es sorprendente que su mundo cambiara sustancialmente en ese tiempo. Los continentes, al principio sólo una gran masa de tierra, se separaron en forma gradual, hasta que tuvieron la apariencia moderna que conocemos. Esto significó un cambio de clima y este factor influyó en los tipos de plantas que crecían. Estos cambios sucedieron con lentitud a través de millones de años y los animales se fueron adaptando. Al inicio de la era de los dinosaurios, plantas bajas, como los helechos, dominaban el paisaje. Luego hubo grandes bosques de coníferas y arboledas de cicadáceas. Después, tuvo lugar un gran cambio, cuando aparecieron las primeras plantas con flores. Muchas plantas y flores que quizá comían los dinosaurios aún crecen en la actualidad.

FESTÍN DE ABETOS
Los dinosaurios herbívoros tenían suficiente vegetación para satisfacer su apetito. Los dinosaurios hocico de pato, como el *Parasaurolophus* (a.), podían comer plantas correosas, porque sus quijadas y dientes eran muy fuertes. Las agujas del abeto no eran problema para ellos.

ARAUCARIA ANTIGUA
Los árboles de araucaria actuales son parientes de los que florecieron antes de la era de los dinosaurios.

HOJA DE CICADÁCEA
Las cicadáceas abundaron durante el reinado de los dinosaurios y aún pueden verse en la actualidad.

EL HOGAR DEL DINOSAURIO
Esta escena muestra el tipo de ámbito que pudo ser familiar para los dinosaurios hace 130 millones de años. Abundaban colas de caballo, helechos y cicadáceas.

Conífera: *Pseudotsuga menziesii*

Pasionaria:
Passiflora sp.

Acebo:
Ilex aquifolium

Cicadácea:
Cycas revoluta

LAS FLORES
La primera planta con flores apareció durante el último período del reinado de los dinosaurios. Las plantas con flores pueden reproducirse con mayor rapidez que otros tipos y pronto dominaron las comunidades de plantas en todo el mundo. Las flores cambiaron la dieta de los dinosaurios.

Gingko:
Ginkgo biloba

Laurel cerezo:
Prunus laurocerasus
"Otto Luykeres"

UNA MAGNOLIA
Es sorprendente pensar que los dinosaurios comían flores, pero cuando aparecieron las magnolias, hace 100 millones de años, sin duda eran el alimento de muchos dinosaurios vegetarianos.

Magnolia:
Magnolia loebneri

Helecho:
Marattia werneri

Helecho:
Blechnum sp.

Cola de caballo:
Equisetum giganteum

Cornejo:
Cornus alba

11

Pequeños y grandes

MUCHA GENTE piensa que los dinosaurios eran animales colosales, lo bastante grandes para alcanzar las copas de los árboles, pero también había dinosaurios pequeños, que no le llegarían a la rodilla a un gigante. Los animales más grandes que han caminado sobre la Tierra fueron los dinosaurios saurópodos, todos herbívoros. Durante mucho tiempo, el *Brachiosaurus* fue el saurópodo más grande. Pesaba unas 70 toneladas, medía 70 pies (22 m) de largo y tenía una altura de 39 pies (12 m), lo que mide un edificio de cuatro pisos. Pero se encontraron huesos de dinosaurios más grandes. El *Paralititan*, hallado en África, pesaba igual que el *Brachiosaurus*, pero tenía hasta 100 pies (30 m) de largo. El *Argentinosaurus*, hallado en América del Sur, medía 130 pies (40 m) y quizá pesaba igual que 20 elefantes grandes. En contraste con estos gigantes pacíficos, los dinosaurios pequeños, como el *Compsognathus* (d.) eran más ágiles, carnívoros y no pesaban más que un gato.

ALTO COMO LA CASA
Este grabado francés muestra una imagen popular de los dinosaurios como gigantes: un alarmante visitante de una calle de París husmea en el balcón del quinto piso.

EL DUEÑO DEL HUESO
Este *Brachiosaurus* es el tipo de dinosaurio que tenía el hueso grande (d.) en la extremidad. Las enormes extremidades anteriores como pilar eran más largas que las posteriores, quizá para ayudarlo a alcanzar las copas de los árboles en busca de alimento.

FÉMUR FANTÁSTICO
El fémur (hueso superior de la pierna) que se muestra a la derecha es de un *Brachiosaurus*. De pie junto a una pierna de *Brachiosaurus*, ¡apenas llegarías al hueso de la rodilla! El señor (i.) examina un fémur de *Apatosaurus*, que mide 6 pies, 2 pulg (2.1 m) de largo. El *Apatosaurus* era otro tipo de dinosaurio saurópodo.

Parte de fémur de *Brachiosaurus*; termina en la articulación de la rodilla

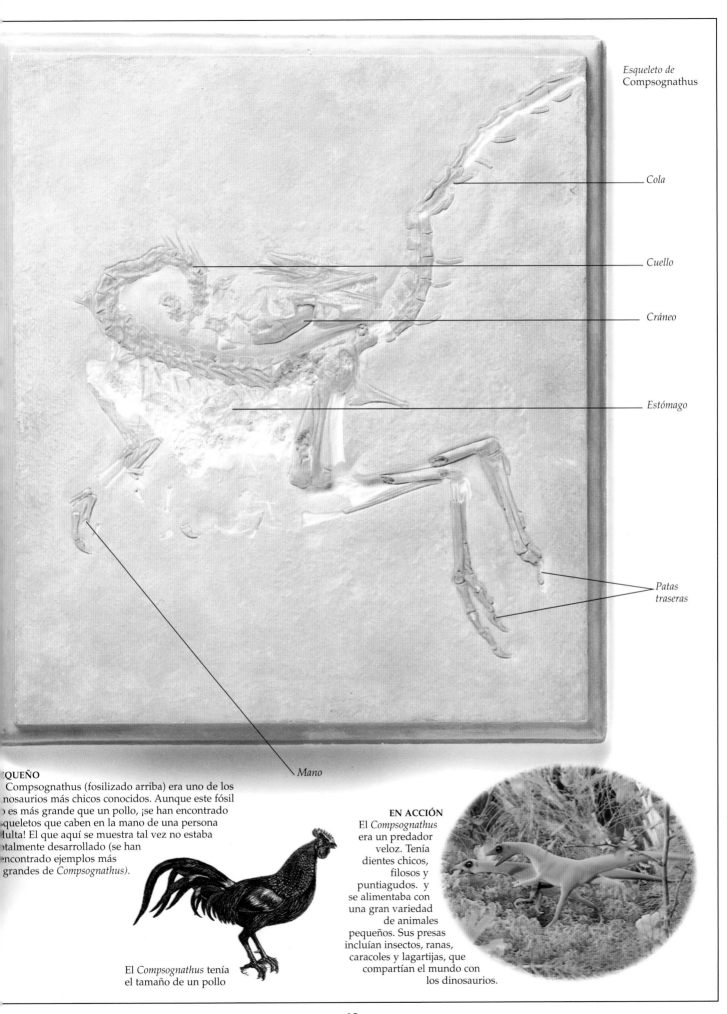

Esqueleto de
Compsognathus

Cola

Cuello

Cráneo

Estómago

Patas
traseras

Mano

PEQUEÑO
El Compsognathus (fosilizado arriba) era uno de los
dinosaurios más chicos conocidos. Aunque este fósil
no es más grande que un pollo, ¡se han encontrado
esqueletos que caben en la mano de una persona
adulta! El que aquí se muestra tal vez no estaba
totalmente desarrollado (se han
encontrado ejemplos más
grandes de Compsognathus).

El Compsognathus tenía
el tamaño de un pollo

EN ACCIÓN
El Compsognathus
era un predador
veloz. Tenía
dientes chicos,
filosos y
puntiagudos. y
se alimentaba con
una gran variedad
de animales
pequeños. Sus presas
incluían insectos, ranas,
caracoles y lagartijas, que
compartían el mundo con
los dinosaurios.

13

La bestia de cuello largo

Cráneo chico comparado con el cuerpo

LA ENORME CRIATURA que puede verse extendida en las siguientes ocho páginas fue uno de los dinosaurios más grandes que hubo en la Tierra. Se le dio el nombre de *Diplodocus* y, igual que el *Brachiosaurus* (a.), perteneció a un grupo de dinosaurios llamados saurópodos (pág. 12). El *Diplodocus* parecía extraordinario con su cuello y cola largos y la cabeza pequeña en relación con el resto de su cuerpo. Este tipo de cuerpo era adecuado perfectamente a su estilo de vida. Podía alcanzar las copas de los árboles muy altos, como las coníferas, que crecían en ese tiempo. La cabeza chica le permitía comer entre la vegetación, en sitios donde muy pocos dinosaurios alcanzaban. Dicha manera de alimentarse necesitaba un tipo especial de cuello, fuerte, ligero y flexible, para poder levantarlo y bajarlo con facilidad. Después de dejar un área sin alimento, se iba con sus compañeros en busca de un nuevo lugar. Si al *Diplodocus* lo amenazaba un carnívoro, se defendía con su larga cola, que parecía látigo (págs. 20-21).

SOPORTE DEL CUELLO
Esta cabeza y cuello pertenecen al *Brachiosaurus* que, igual que el *Diplodocus*, debe de haber tenido músculos fuertes en el cuello, que podían levantar la cabeza. Su corazón quizá fue muy potente, pues tenía que bombear sangre al cerebro.

CORTO Y FLEXIBLE
A diferencia del *Diplodocus*, un depredador como el *Tyrannosaurus rex* (i.) necesitaba un cuello corto, fuerte y flexible. Tenía que ser corto para sostener la cabeza grande. La flexibilidad en el cuello significaba que el *Tyrannosaurus rex* podía torcer la cabeza para arrancar la carne de su presa.

UN CUELLO DURO
El cuello del *Triceratops* (i.) necesitaba ser corto y muy fuerte, para sostener el peso de la enorme cabeza que usaba fuerza para arrancar la vegetación y luchar y atacar enemigos con sus formidables cuernos (págs. 30-31).

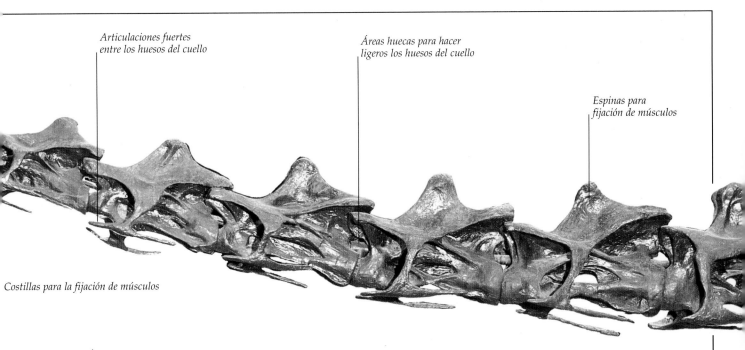

*Articulaciones fuertes
entre los huesos del cuello*

*Áreas huecas para hacer
ligeros los huesos del cuello*

*Espinas para
fijación de músculos*

Costillas para la fijación de músculos

La bestia continúa…

CEDORES DEL JURÁSICO

bido a su enorme tamaño, es posible que el *Brachiosaurus* haya pasado mayor parte del tiempo comiendo. Viajando como parte de una manada, izá el dinosaurio se alimentaba en los bosques a orillas de ríos y en tierra scosa con coníferas, cicadáceas y helechos. Se han encontrado sus fósiles África, Europa y América. Al mover su largo cuello, el *Brachiosaurus* anzaba las hojas de los árboles altos. Al bajarla, comía helechos.

CUELLO GRÚA

El diseño del cuello de un *Diplodocus* es similar al de una grúa fabricada por el hombre. El brazo que sale de la torre principal y del cual penden los ganchos usados para levantar objetos, es como el cuello del dinosaurio. La base pesada de la grúa, que evita que se vuelque, es como el cuerpo pesado del *Diplodocus*. El brazo de la grúa tiene que ser ligero y resistente, por lo que el ingeniero lo fabrica con un marco de metal ligero. El *Diplodocus* tenía huesos ligeros pero muy fuertes en el cuello, que podía levantar y bajar, como si fuera el brazo de una grúa.

Hueso del cuello

Escápula
(omóplato)

La historia de la espina dorsal

El cuerpo del *Diplodocus* estaba diseñado para soportar y
mover un peso enorme, y la espina dorsal, entre hombros
y caderas, era el centro motriz de todo el animal. Las
vértebras tenían que ser ultrafuertes para soportar el
enorme peso del cuello, la cola y el vientre. Estaban huecas
y ello las hacía ligeras. Unas espinas angostas señalaban
hacia arriba desde la parte superior de la espina dorsal
y actuaban como puntos de anclaje para los poderosos
músculos del lomo. Las costillas largas, apuntando hacia
abajo y curvadas alrededor del vientre, ayudaban a
mantener la espina dorsal en su sitio, contra el gran peso
del vientre y protegían los órganos internos del animal.

Húmero
(hueso del brazo)

Cúbito (hue
del antebraz

Templo de
Júpiter, Atenas

Radio (hueso
del antebrazo)

PATAS COMO COLUMNAS
Las fuertes patas del *Diplodocus* sostenían su
cuerpo como las columnas de este templo
griego sostienen el pesado techo de piedra.
Los huesos de las extremidades eran
pesados y densos, capaces de soportar
el gran peso del dinosaurio.

Muñe

Man

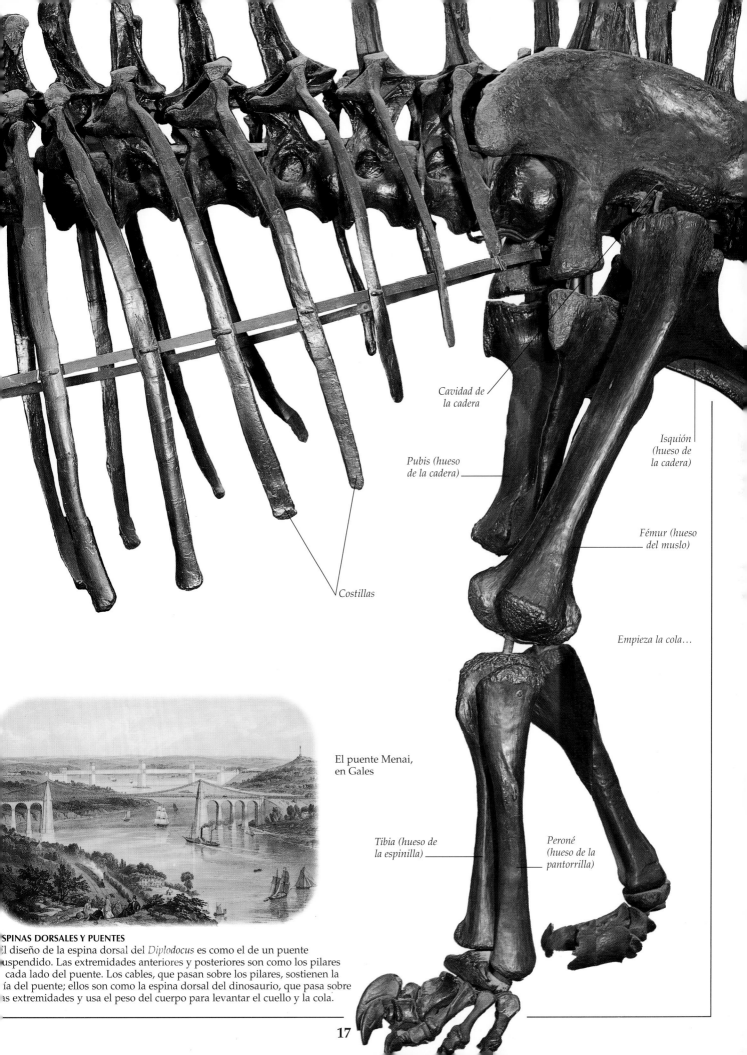

Cavidad de
la cadera

Pubis (hueso
de la cadera)

Costillas

Isquión
(hueso de
la cadera)

Fémur (hueso
del muslo)

Empieza la cola…

El puente Menai,
en Gales

Tibia (hueso de
la espinilla)

Peroné
(hueso de la
pantorrilla)

ESPINAS DORSALES Y PUENTES

El diseño de la espina dorsal del *Diplodocus* es como el de un puente
suspendido. Las extremidades anteriores y posteriores son como los pilares
a cada lado del puente. Los cables, que pasan sobre los pilares, sostienen la
vía del puente; ellos son como la espina dorsal del dinosaurio, que pasa sobre
las extremidades y usa el peso del cuerpo para levantar el cuello y la cola.

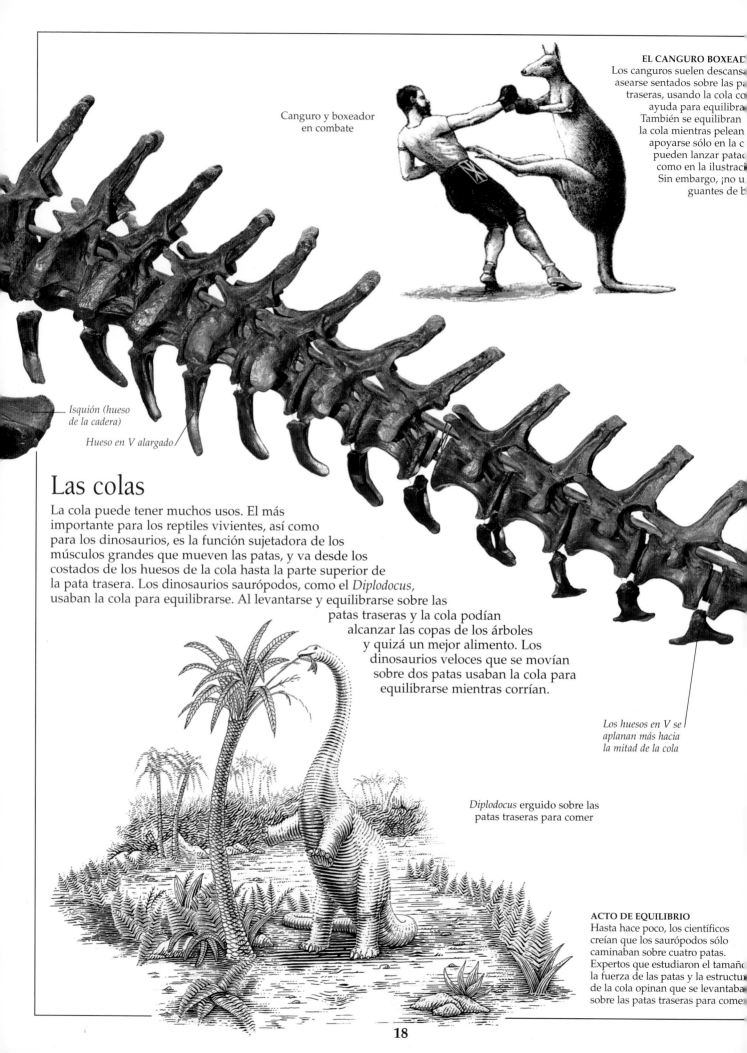

EL CANGURO BOXEAD···
Los canguros suelen descans···
asearse sentados sobre las p···
traseras, usando la cola co···
ayuda para equilibra···
También se equilibran ···
la cola mientras pelean···
apoyarse sólo en la c···
pueden lanzar pata···
como en la ilustraci···
Sin embargo, ¡no u···
guantes de b···

Canguro y boxeador
en combate

*Isquión (hueso
de la cadera)*

Hueso en V alargado

Las colas

La cola puede tener muchos usos. El más
importante para los reptiles vivientes, así como
para los dinosaurios, es la función sujetadora de los
músculos grandes que mueven las patas, y va desde los
costados de los huesos de la cola hasta la parte superior de
la pata trasera. Los dinosaurios saurópodos, como el *Diplodocus*,
usaban la cola para equilibrarse. Al levantarse y equilibrarse sobre las
patas traseras y la cola podían
alcanzar las copas de los árboles
y quizá un mejor alimento. Los
dinosaurios veloces que se movían
sobre dos patas usaban la cola para
equilibrarse mientras corrían.

*Los huesos en V se
aplanan más hacia
la mitad de la cola*

Diplodocus erguido sobre las
patas traseras para comer

ACTO DE EQUILIBRIO
Hasta hace poco, los científicos
creían que los saurópodos sólo
caminaban sobre cuatro patas.
Expertos que estudiaron el tamaño···
la fuerza de las patas y la estructu···
de la cola opinan que se levantaba···
sobre las patas traseras para come···

18

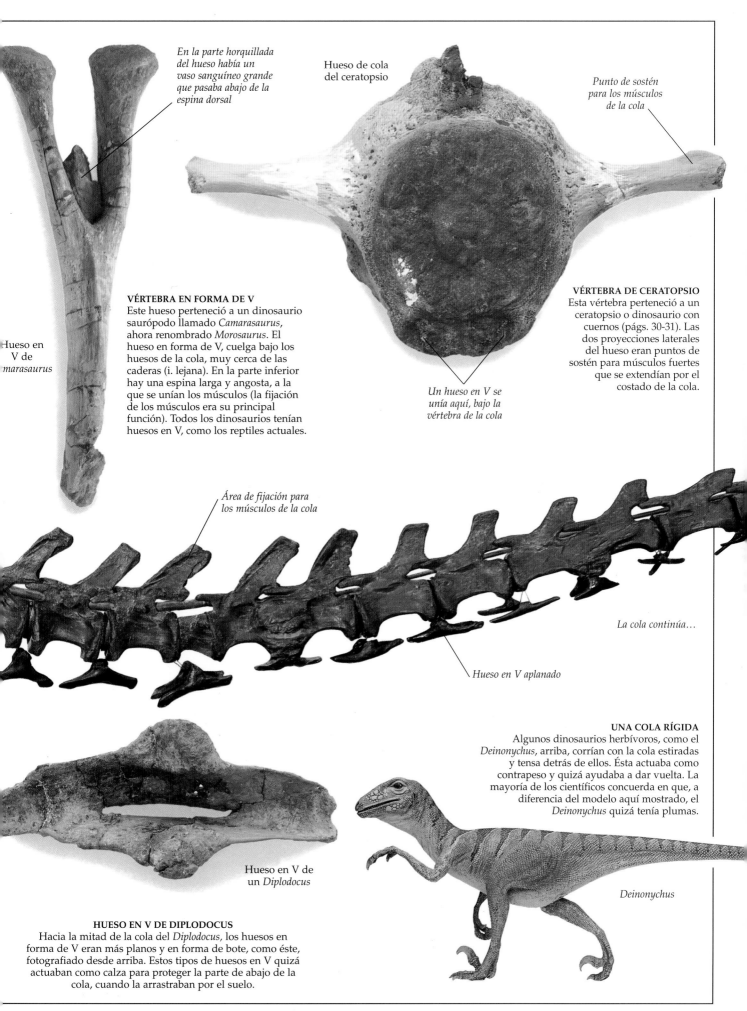

En la parte horquillada del hueso había un vaso sanguíneo grande que pasaba abajo de la espina dorsal

Hueso de cola del ceratopsio

Punto de sostén para los músculos de la cola

Hueso en V de *Camarasaurus*

VÉRTEBRA EN FORMA DE V
Este hueso perteneció a un dinosaurio saurópodo llamado *Camarasaurus*, ahora renombrado *Morosaurus*. El hueso en forma de V, cuelga bajo los huesos de la cola, muy cerca de las caderas (i. lejana). En la parte inferior hay una espina larga y angosta, a la que se unían los músculos (la fijación de los músculos era su principal función). Todos los dinosaurios tenían huesos en V, como los reptiles actuales.

Un hueso en V se unía aquí, bajo la vértebra de la cola

VÉRTEBRA DE CERATOPSIO
Esta vértebra perteneció a un ceratopsio o dinosaurio con cuernos (págs. 30-31). Las dos proyecciones laterales del hueso eran puntos de sostén para músculos fuertes que se extendían por el costado de la cola.

Área de fijación para los músculos de la cola

La cola continúa…

Hueso en V aplanado

UNA COLA RÍGIDA
Algunos dinosaurios herbívoros, como el *Deinonychus*, arriba, corrían con la cola estiradas y tensa detrás de ellos. Ésta actuaba como contrapeso y quizá ayudaba a dar vuelta. La mayoría de los científicos concuerda en que, a diferencia del modelo aquí mostrado, el *Deinonychus* quizá tenía plumas.

Hueso en V de un *Diplodocus*

Deinonychus

HUESO EN V DE DIPLODOCUS
Hacia la mitad de la cola del *Diplodocus,* los huesos en forma de V eran más planos y en forma de bote, como éste, fotografiado desde arriba. Estos tipos de huesos en V quizá actuaban como calza para proteger la parte de abajo de la cola, cuando la arrastraban por el suelo.

El relato de la defensa

LA COLA ERA UN MEDIO muy útil de defensa para muchos dinosaurios herbívoros y lo que les faltaba en dientes y garras, lo compensaban con su ingeniosa cola. Algunos dinosaurios, como los saurópodos, tenían la cola larga y delgada que usaban como látigo. Además de su gran tamaño, era su principal forma de defensa. Los dinosaurios con armadura o anquilosaurios, tenían placas óseas en la cola y estaban protegidos de pies a cabeza con una armadura corporal. Los stegosaurios o dinosaurios con placas (págs. 34-35), tenían púas filosas en la cola, que usaban para atacar a sus enemigos. Algunos reptiles modernos usan la cola para defenderse: los cocodrilos atacan al enemigo con su cola pesada cubierta de escamas y muchos lagartos tienen cola larga, cual látigo. Ningún reptil viviente tiene una cola defensiva dotada con las formidables púas y placas óseas como algunos dinosaurios.

DINOSAURIO ACORAZADO
Este dinosaurio acorazado, *Gastonia*, tenía el largo de un auto grande. A diferencia del anquilosaurio *Euoplocephalus* (ab., d.), el *Gastonia* no tenía placas pesadas en la cola. Sin embargo, las espinas grand hacían de su cola un arma formidable. El resto del cuerpo del *Gastonia* tenía filosas espinas defensiva

Huesos de la cola

Articulación entre los huesos de la cola

Huesos de la cola más angostos hacia el final

Scelidosaurus

Placas óseas

Larga cola musculosa

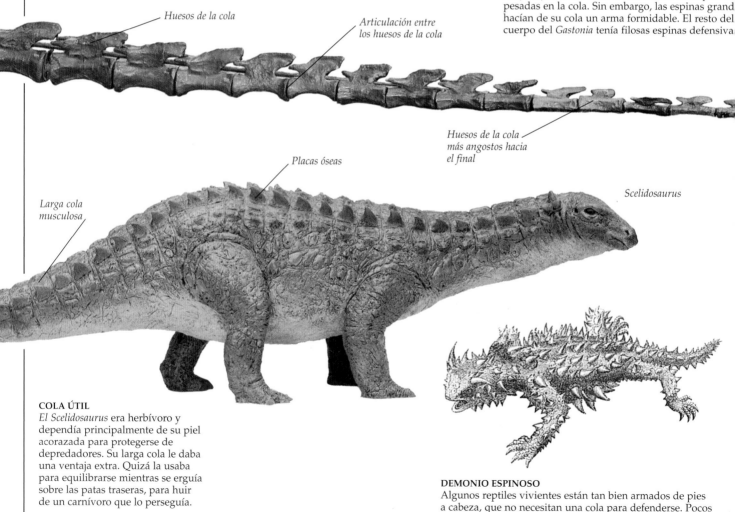

COLA ÚTIL
El Scelidosaurus era herbívoro y dependía principalmente de su piel acorazada para protegerse de depredadores. Su larga cola le daba una ventaja extra. Quizá la usaba para equilibrarse mientras se erguía sobre las patas traseras, para huir de un carnívoro que lo perseguía.

DEMONIO ESPINOSO
Algunos reptiles vivientes están tan bien armados de pies a cabeza, que no necesitan una cola para defenderse. Pocos depredadores intentarían atacar a este demonio espinoso, que vive en áreas áridas o desérticas de Australia.

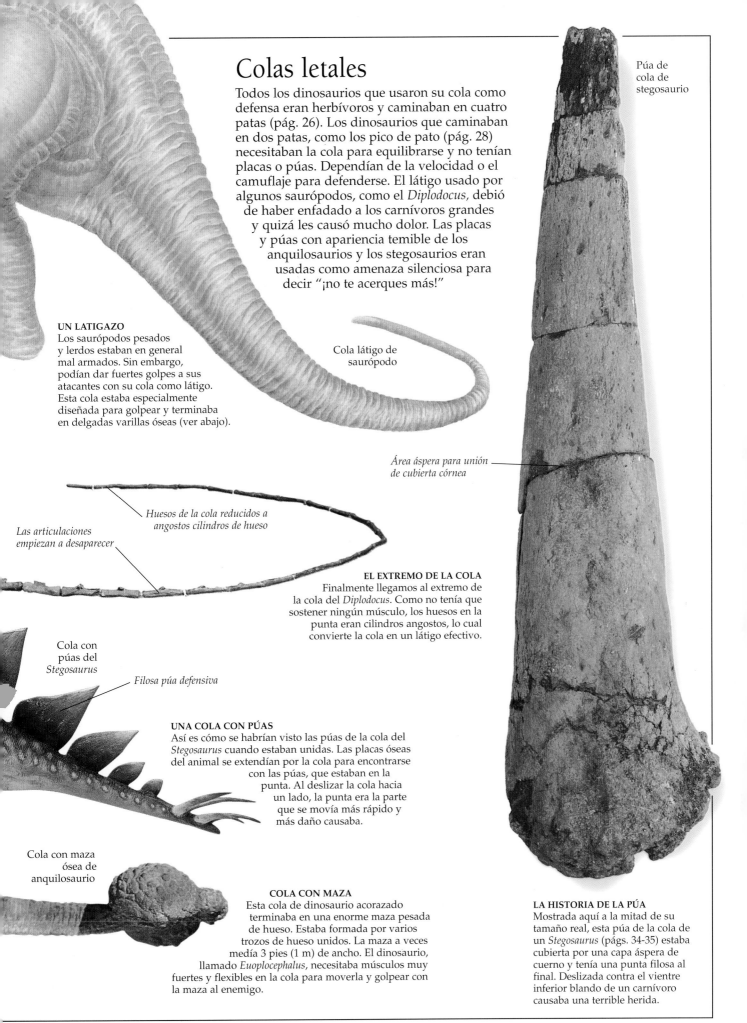

Colas letales

Todos los dinosaurios que usaron su cola como defensa eran herbívoros y caminaban en cuatro patas (pág. 26). Los dinosaurios que caminaban en dos patas, como los pico de pato (pág. 28) necesitaban la cola para equilibrarse y no tenían placas o púas. Dependían de la velocidad o el camuflaje para defenderse. El látigo usado por algunos saurópodos, como el *Diplodocus*, debió de haber enfadado a los carnívoros grandes y quizá les causó mucho dolor. Las placas y púas con apariencia temible de los anquilosaurios y los stegosaurios eran usadas como amenaza silenciosa para decir "¡no te acerques más!"

Púa de
cola de
stegosaurio

UN LATIGAZO
Los saurópodos pesados y lerdos estaban en general mal armados. Sin embargo, podían dar fuertes golpes a sus atacantes con su cola como látigo. Esta cola estaba especialmente diseñada para golpear y terminaba en delgadas varillas óseas (ver abajo).

Cola látigo de
saurópodo

Área áspera para unión de cubierta córnea

Huesos de la cola reducidos a angostos cilindros de hueso

Las articulaciones empiezan a desaparecer

EL EXTREMO DE LA COLA
Finalmente llegamos al extremo de la cola del *Diplodocus*. Como no tenía que sostener ningún músculo, los huesos en la punta eran cilindros angostos, lo cual convierte la cola en un látigo efectivo.

Cola con
púas del
Stegosaurus

Filosa púa defensiva

UNA COLA CON PÚAS
Así es cómo se habrían visto las púas de la cola del *Stegosaurus* cuando estaban unidas. Las placas óseas del animal se extendían por la cola para encontrarse con las púas, que estaban en la punta. Al deslizar la cola hacia un lado, la punta era la parte que se movía más rápido y más daño causaba.

Cola con maza
ósea de
anquilosaurio

COLA CON MAZA
Esta cola de dinosaurio acorazado terminaba en una enorme maza pesada de hueso. Estaba formada por varios trozos de hueso unidos. La maza a veces medía 3 pies (1 m) de ancho. El dinosaurio, llamado *Euoplocephalus*, necesitaba músculos muy fuertes y flexibles en la cola para moverla y golpear con la maza al enemigo.

LA HISTORIA DE LA PÚA
Mostrada aquí a la mitad de su tamaño real, esta púa de la cola de un *Stegosaurus* (págs. 34-35) estaba cubierta por una capa áspera de cuerno y tenía una punta filosa al final. Deslizada contra el vientre inferior blando de un carnívoro causaba una terrible herida.

La dieta de un dinosaurio

MUCHOS IMAGINAMOS A LOS DINOSAURIOS como temibles animales carnívoros. Algunos eran herbívoros pacíficos que sólo comían entre las copas de los árboles, arrancando hojas. Otros dinosaurios tenían una dieta mixta de carnes y plantas, como los seres humanos. Los que no eran herbívoros, no sólo comían carne de dinosaurio, sino de cualquier cosa que se moviera, incluidos insectos y aves. Los restos fosilizados de dinosaurios nos dicen mucho acerca de lo que el animal comía. Los indicios más importantes se encuentran en la forma y el arreglo de las mandíbulas y los dientes. Incluso la forma general de un dinosaurio cuenta una historia (los carnívoros solían tener la cabeza grande y un poderoso cuello corto para arrancar trozos de carne de su presa). El cuello largo de muchos herbívoros era útil para alcanzar las copas de los árboles y alimentarse.

EN EL RÍO
Esta escena de hace 190 millones de años muestra dinosaurios carnívoros, reptiles nadando y pterosaurios volando que comparten el mismo paisaje. Aunque estos animales existieron entonces, no es factible que los reptiles prehistóricos convivieran de esta manera.

CRÁNEO DE UN VEGETARIANO
Este cráneo perteneció a un enorme herbívoro llamado *Diplodocus*. Todos los dientes, delgados como lápices, están al frente de la boca. El *Diplodocus* quizá los usó como bieldo para arrancar helechos y hojas. Incapaz de masticar, el *Diplodocus* simplemente tragaba la comida.

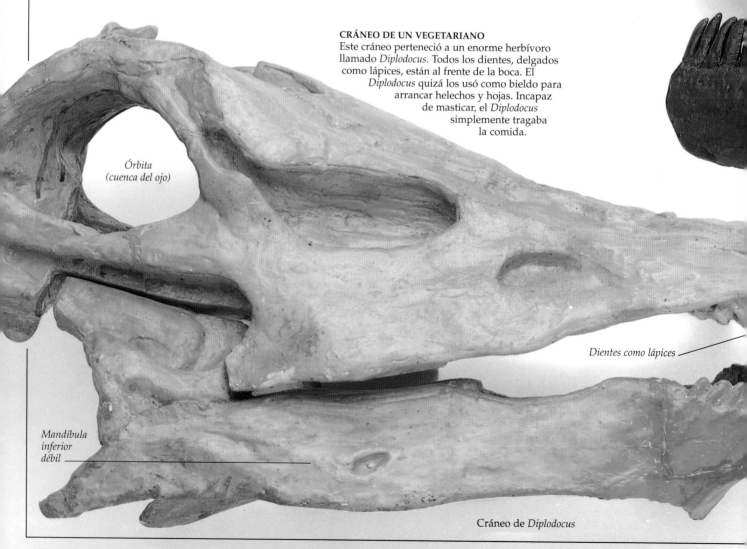

Órbita (cuenca del ojo)

Dientes como lápices

Mandíbula inferior débil

Cráneo de *Diplodocus*

temibles hileras de dientes curvos y aserrados en el cráneo del *Allosaurus*
) son típicas de los carnívoros. Las "ventanas" en el cráneo ayudaban a
ucir su peso. El *Allosaurus* quizá se alimentaba de herbívoros jóvenes,
no el *Diplodocus* (página opuesta). Un *Diplodocus* adulto sería
nasiado grande para enfrentarlo, a no ser que el
saurus cazara en grupos.

Cavidad grande frente
al ojo para músculos
de la mandíbula

Órbita
(cuenca del ojo)

Grandes dientes aserrados

Cráneo de
Allosaurus

Mandíbula inferior poderosa

Cráneo de *Massospondylus* (ab.)

Dientes
chicos y
burdos

Órbita
(cuenca del ojo)

COMIDA DEL SEISMOSAURUS
Este monstruo saurópodo tenía
un cráneo muy similar al del
Diplodocus (i.). El *Seismosaurus*
tenía dientes como ganchos al
frente de la mandíbula, para
raer coníferas y hojas.

Seismosaurus

DINOSAURIO CON DIETA MIXTA
El cráneo de arriba perteneció a un *Massospondylus*.
Sus dientes, ni aserrados ni filosos, ni para raspar
o moler, eran "para todo uso". Pequeños y con
bordes toscos, podían masticar carne o plantas.
Los animales que comen de esta manera se llaman
omnívoros.

Los carnívoros

Todos los dinosaurios carnívoros pertenecían a un grupo llamado Terópodos, que literalmente significa "bestia con pies". Algunos dinosaurios carnívoros se llaman carnosaurios o "lagartos de carne" (animales enormes con cabeza grande, patas poderosas y brazos cortos). Como todos los terópodos, caminaban en dos patas, quizá no muy aprisa, debido al peso que cargaban. Tenían cabeza grande para acomodar mandíbulas largas, alineadas con enormes dientes curvos, aserrados como cuchillos para carne. Los carnosaurios perseguían y comían a otros dinosaurios o se alimentaban de cadáveres que encontraban. Mataban a su presa con la ayuda de sus patas con garras y desgarraban la carne de la víctima con las manos, equipadas con filosas garras, y con los dientes. Los otros carnívoros se conocen como celurosaurios o "lagartos con cola hueca". En contraste con los carnosaurios, eran animales de constitución ligera, con largos brazos y manos que agarraban, y mandíbulas largas y angostas. Podían correr veloces para atrapar mamíferos pequeños e insectos. Después de que un carnosaurio comía, un celurosaurio tomaba las sobras.

PEQUEÑO PERO NOCIVO
Es difícil creer que un diente de dinosaurio (i.) pueda ser más chico que un incisivo humano (d.). Este diente dedinosaurio perteneció a u *Troodon* o "diente hiriente"

El rey

El *Tyrannosaurus rex* es quizá el carnosaurio más conocido y temido. Tenía 39 pies (12 m) de largo y un cráneo grande con poderosas quijadas y dientes aserrados de hasta 7 pulg (18 cm) de largo. Quizá usaba sus pequeños brazos para enderezarse después de estar acostado.

Mandíbula inferior de *Gorgosaurus*

Con los dientes curvos hacia atrás, los carnosaurios atrapaban mejor su presa

ENTE NUTHETES
ún incrustado en
roca, este diente
a de un pequeño
rnívoro llamado
uthetes.

MÁS PEQUEÑO
No todos los dientes
de tiranosaurio eran
enormes. Éste pequeño
está curvo para
enganchar a la presa.

**DIENTE
DE LEÓN**
Los carnívoros,
igual que los
leones, tenían dientes
que rebanaban. Ningún
dinosaurio tenía un
diente como éste.

Diente grande y curvo
de *Megalosaurus*

*Aserrado fino,
como el de un
cuchillo para
cortar carne*

**NUEVO
DIENTE**
Los dientes de
los dinosaurios
carnívoros
crecían y eran
reemplazados
constantemente.
Este diente de
megalosaurio
es "nuevo".

*Rajaduras
ocurridas
durante la
fosilización*

¿UNA BATALLA PERDIDA?
Un grabado victoriano muestra a un *Iguanodon* (i.) y a
un *Megalosaurus* (d.) luchando. Aunque el artista dio
dientes filosos al *Iguanodon,* era herbívoro y no
tendría mucha oportunidad frente al poderoso
Megalosaurus. La púa de la nariz la tenía
realmente en el pulgar en vida y era su
única arma de defensa (págs. 8-9).

EL MÁS GRANDE...
Este gran diente de *Megalosaurus* tiene la
forma típica del de un carnosaurio, con su
borde curvo apuntando hacia atrás. Los bordes
del diente son filosos, con marcas como sierra
para cortar la carne. Las rajaduras aparecieron
durante la fosilización.

Cráneo de *Ceratosaurus* (ab.)

*Borde delantero del
diente muy aserrado*

Hueco óseo de diente

Lado interno de la mandíbula

MANDÍBULA MORTAL
Esta mandíbula inferior de
Gorgosaurus (i.) se extiende a lo largo
del cráneo del animal. Los poderosos
músculos de la mandíbula llegaban
detrás del ojo y estaban unidos al
área sin dientes. Deben de haber
producido una mordida poderosa,
al cerrar la mandíbula con la presa.
El cráneo de arriba perteneció a otro
carnosaurio y tiene el mismo
diseño básico.

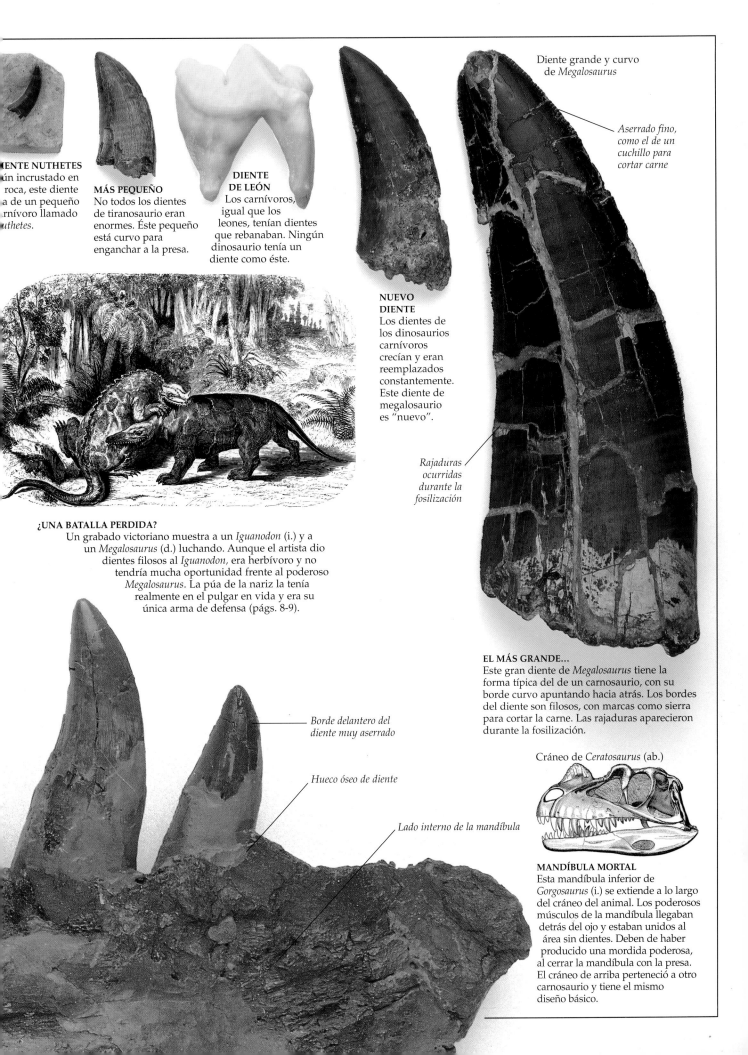

Los herbívoros

MUCHOS DINOSAURIOS eran herbívoros, incluidos los saurópodos (págs. 12-13), los más grandes. Comer plantas causa más problemas a los animales que comer carne. Las plantas contienen materiales duros como la celulosa y la lignina leñosa, que necesitan descomponer antes de que la digestión tenga lugar en el estómago. Los dinosaurios herbívoros seguían su dieta en una variedad de formas. Los saurópodos no masticaban, simplemente se tragaban la vegetación roída. Ésta pasaba directamente al estómago y era molida por los gastrolitos tragados deliberadamente o fermentada por bacterias, como en el estómago de una vaca. Los hadrosaurios o dinosaurios con hocico de pato tenían dientes especiales que molían y picaban el alimento, antes de tragarlo. Los ceratópsidos molían las plantas con sus mandíbulas extrafuertes y sus dientes como tijeras. Todos los dinosaurios con cadera de ave (pág. 6) eran herbívoros.

Los dinosaurios carnívoros comían coníferas como esta hoja de tejo

DIENTES CHICOS
Esta mandíbula e de un *Echinodon*, uno de los dinosaurios herbívoros más pequeños. Los dientes chicos tenían bordes con púas, como los de la iguana.

Hueso principal de mandíbula

Pico de ceratópsido

DIENTE COMO TIJERA
Este diente era de un dinosaurio ceratópsido, como el *Triceratops* (ab.). Después de rasgar la vegetación con su pico (extremo i.) la rebanaba con sus dientes filosos.

Muesca para diente de reemplazo

Planta cicadácea

Cono de pino

DURO Y FIBROSO
Algunos expertos creen que los dinosaurios ceratópsidos evolucionaron especialmente para comer un nuevo tipo de plantas ásperas. Comían las hojas como de palma de las cicadáceas (i.) y quizá conos de pino (ar.).

CON CONSTITUCIÓN PARA MASTICAR
Los dinosaurios como este *Triceratops* (págs. 30-31) comían plantas fibrosas y duras (ar.) El *Triceratops*, como muchos ceratópsidos, tenía mandíbulas muy poderosas y dientes filosos que lo ayudaban a llevar su dieta.

PICO PARA PACER
Un pico como éste de ceratópsido (pág. 30) era ideal para comer plantas duras. Las estrías y las concavidades marcan el sitio donde estaba unida la cubierta córnea de queratina. La parte más ancha y baja del hueso (llamado predentario) encajaba contra la mandíbula inferior.

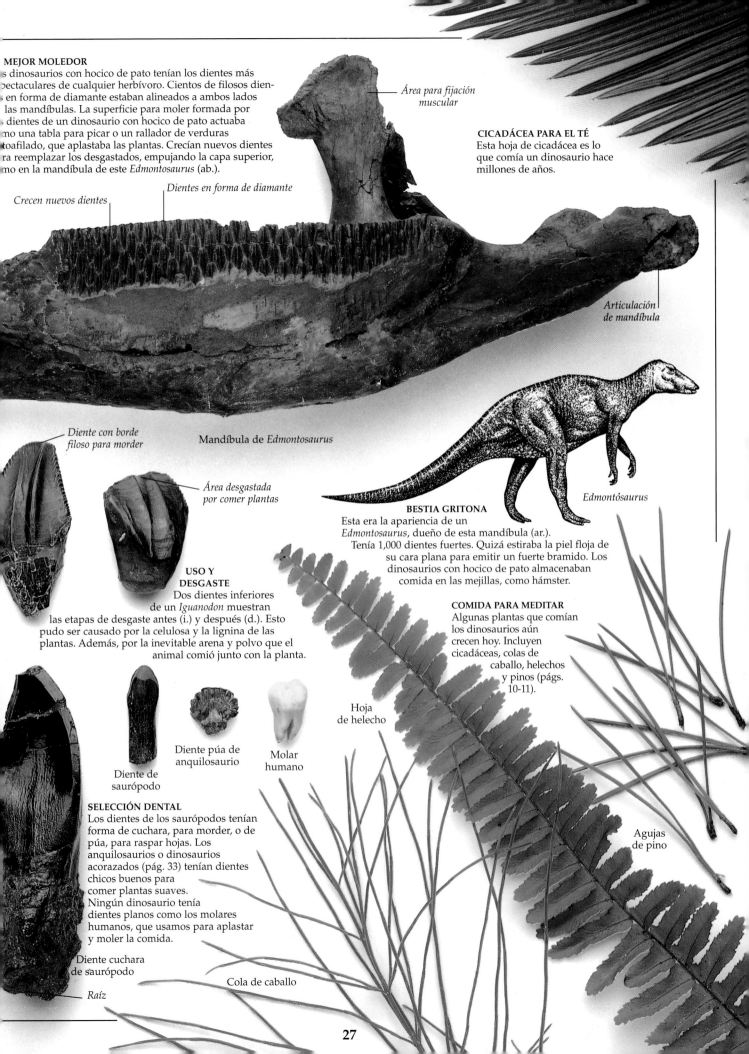

MEJOR MOLEDOR
Los dinosaurios con hocico de pato tenían los dientes más espectaculares de cualquier herbívoro. Cientos de filosos dientes en forma de diamante estaban alineados a ambos lados de las mandíbulas. La superficie para moler formada por los dientes de un dinosaurio con hocico de pato actuaba como una tabla para picar o un rallador de verduras rectoafilado, que aplastaba las plantas. Crecían nuevos dientes para reemplazar los desgastados, empujando la capa superior, como en la mandíbula de este *Edmontosaurus* (ab.).

Área para fijación muscular

CICADÁCEA PARA EL TÉ
Esta hoja de cicadácea es lo que comía un dinosaurio hace millones de años.

Crecen nuevos dientes

Dientes en forma de diamante

Articulación de mandíbula

Diente con borde filoso para morder

Mandíbula de *Edmontosaurus*

Área desgastada por comer plantas

Edmontosaurus

BESTIA GRITONA
Esta era la apariencia de un *Edmontosaurus*, dueño de esta mandíbula (ar.). Tenía 1,000 dientes fuertes. Quizá estiraba la piel floja de su cara plana para emitir un fuerte bramido. Los dinosaurios con hocico de pato almacenaban comida en las mejillas, como hámster.

USO Y DESGASTE
Dos dientes inferiores de un *Iguanodon* muestran las etapas de desgaste antes (i.) y después (d.). Esto pudo ser causado por la celulosa y la lignina de las plantas. Además, por la inevitable arena y polvo que el animal comió junto con la planta.

COMIDA PARA MEDITAR
Algunas plantas que comían los dinosaurios aún crecen hoy. Incluyen cicadáceas, colas de caballo, helechos y pinos (págs. 10-11).

Hoja de helecho

Diente púa de anquilosaurio

Molar humano

Diente de saurópodo

Agujas de pino

SELECCIÓN DENTAL
Los dientes de los saurópodos tenían forma de cuchara, para morder, o de púa, para raspar hojas. Los anquilosaurios o dinosaurios acorazados (pág. 33) tenían dientes chicos buenos para comer plantas suaves. Ningún dinosaurio tenía dientes planos como los molares humanos, que usamos para aplastar y moler la comida.

Diente cuchara de saurópodo

Raíz

Cola de caballo

Cabezas raras

ALGUNOS DINOSAURIOS tenían la cabeza muy peculiar, con extrañas protuberancias óseas que incluían nódulos, crestas, púas y cascos. Así como las formas extrañas o los colores brillantes de los reptiles, las aves y los mamíferos actuales atraen la atención, lo mismo sucedió con las formas extrañas de la cabeza de algunos dinosaurios. Atraían la mirada y quizá se usaban para atraer una pareja, alejar a un enemigo ¡o sólo para indicar si el dinosaurio estaba contento o enfadado! Solían usarlas para el ataque o la defensa, pues una cabeza ósea podía actuar como un casco de seguridad o servir para dar embestidas. Las cabezas más espectaculares pertenecieron a un grupo de dinosaurios llamados hadrosaurios u hocico de pato, debido a su boca ancha y desdentada.

SIN CRESTA
Los hadrosaurios tenían distintas formas de cabeza, pero su cuerpo era similar. Algunos tenían cabeza sencilla con extrañas protuberancias. Este dibujo de 1897 muestra uno de los tipos "sin cresta" más comunes: el *Edmontosaurus*. Usaba su ancho hocico como pico de pato para recoger hojas.

CASCOS
Las dos primera cabezas en esta sección eran de hocico de pato: *Parasaurolophus*, con su cuerno largo, y *Corythosaurus*, con su cresta en "forma de plato". La cabeza ancha y gruesa a la derecha es de un *Pachycephalosaurus*, uno de los dinosaurios "cabeza de hueso".

Pico sin dientes

Los dientes empiezan aquí

Cráneo de *Parasaurolophus*

Cresta larga y hueca

Domo de hueso sólido

PARA ULULAR

La cresta larga y hueca en el cráneo del *Parasaurolophus* confundió a los expertos durante años. Al principio creyeron que era una especie de *snorkel* o un tanque de reserva de aire usado cuando el animal se alimentaba bajo el agua. Quizá era una extensión de los orificios nasales que aumentaba el sentido del olfato del animal. Ahora sabemos que el tubo hueco era un "resonador" a través del cual el dinosaurio podía bramar o ulular en una forma distintiva. Las hembras de esta especie tenían crestas más chicas y menos espectaculares.

Púa ósea

CABEZA PARA ATACAR

La cabeza del *Pachycephalosaurus*, que significa "reptil con cabeza gruesa", medía 2 pies, 7 pulg (80 cm) de largo y su domo era de hueso sólido. Lo usaba para golpear a sus enemigos, igual que las ovejas y las cabras usan sus cuernos.

Cráneo de Pachycephalosaurus

ERGUIDO

El Pachycephalosaurus quizá se erguía y bramaba fuerte, como en la ilustración, antes de atacar al enemigo.

Pico filoso

Cráneo de Psittacosaurus

CENA DE HOCICO DE PATO

Como los hadrosaurios tenían hocico sin dientes, los representaban en pantanos alimentándose con plantas suaves. En realidad, se alimentaban en tierra y comían la vegetación de los árboles, moliéndola con sus poderosas mandíbulas (pág. 26).

CABEZA DE PERICO

Este cráneo con forma extraña perteneció a un *Psittacosaurus*, o "lagarto loro". Aunque no tenía muchos dientes, su hocico profundo y filoso podía rebanar las hojas y los tallos leñosos.

Parasaurolophus alimentándose

PICO DE PÁJARO

El Psittacosaurus tenía un pico similar al de un loro y ¡ahí terminaba la similitud!

Cara con tres cuernos

El Triceratops, que significa "cara con tres cuernos", pertenecía a un grupo de dinosaurios conocidos como ceratopsios o dinosaurios cornudos. Cada ceratopsio tenía una gola ósea grande que apuntaba hacia atrás desde el cráneo y protegía cuello, cuernos, nariz o incluso los ojos, y un pico angosto y ganchudo. La mayoría caminaba sobre cuatro patas y eran regordetes, como los rinocerontes actuales, y todos eran herbívoros. Muchos fósiles de ceratopsios hallados en la misma área sugieren que iban en manadas y enfrentaban a los carnívoros en grupo. Cuando los ceratopsios evolucionaron, su armadura en la cabeza fue más pronunciada. El *Triceratops*, el "rey" de los ceratopsios, vivió al final del reinado de los dinosaurios y tenía los cuernos y las golas más espectaculares de todos los ceratopsios: su cabeza ocupaba casi una tercera parte de su largo. Con la cabeza baja y los cuernos apuntando hacia adelante, respaldado por su cuerpo enorme, el *Triceratops* debe haberse defendido muy bien de depredadores como el *Tyrannosaurus rex* (pág. 24).

COMO UN RINOCERONTE
Esta reconstrucción modelo del *Triceratops*, basada en el estudio de esqueletos completos del animal, es quizá muy similar al real. Aquí, el parecido con el rinoceronte moderno es sorprendente.

Cuerno en ceja

Cuerno en nariz

Fosa nasal

Pico como de loro

Borde ondulado de la gola

Cráneo de Triceratops, vista frontal

HISTORIA DEL CRÁNEO
La característica más prominente del *Triceratops*, su pesado cráneo, nos dice mucho sobre su forma de vida. Su mandíbula era especial para asir plantas duras y fibrosas. Con su hocico angosto y ganchudo arrancaba plantas, que luego rebanaba con sus dientes como tijeras. Enormes músculos que se extendían hasta la gola daban fuerza a las mandíbulas. La gola quizá servía de ancla a los músculos de la mandíbula y protegía el cuello. El *Triceratops* usaba sus cuernos filosos para defenderse de los tiranosaurios y en el combate frente a frente. El *Triceratops* macho entrelazaba los cuernos con un miembro de su especie y luchaba, como los ciervos, los antílopes y las ovejas actuales.

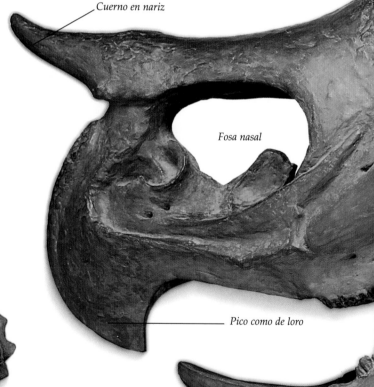

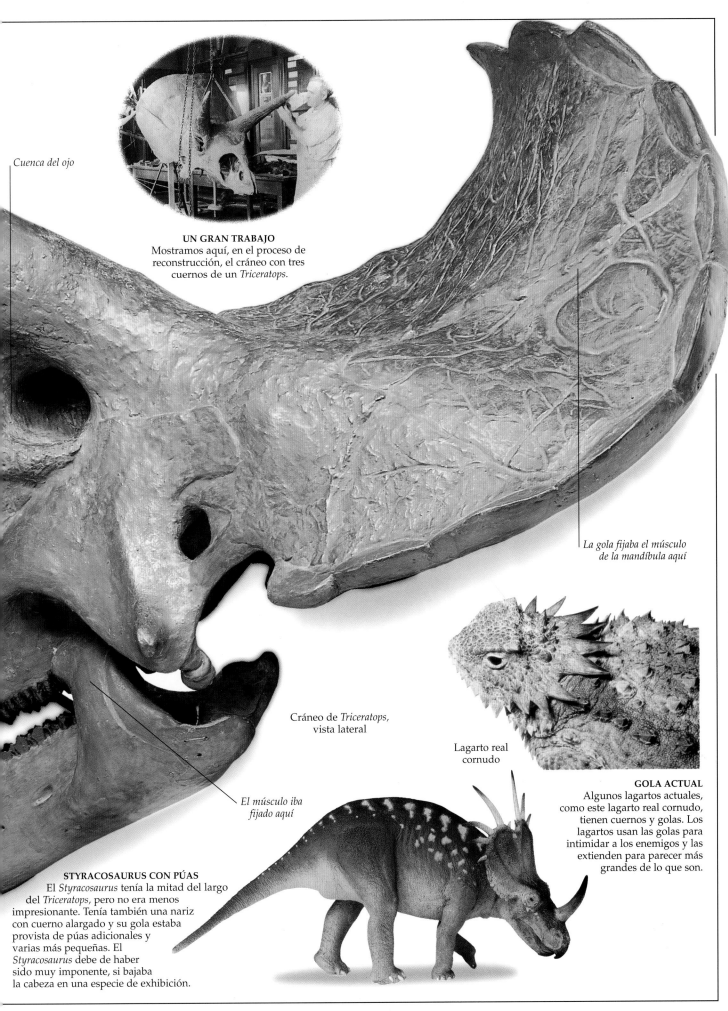

Cuenca del ojo

UN GRAN TRABAJO
Mostramos aquí, en el proceso de
reconstrucción, el cráneo con tres
cuernos de un *Triceratops*.

*La gola fijaba el músculo
de la mandíbula aquí*

Cráneo de *Triceratops*,
vista lateral

Lagarto real
cornudo

*El músculo iba
fijado aquí*

GOLA ACTUAL
Algunos lagartos actuales,
como este lagarto real cornudo,
tienen cuernos y golas. Los
lagartos usan las golas para
intimidar a los enemigos y las
extienden para parecer más
grandes de lo que son.

STYRACOSAURUS CON PÚAS
El *Styracosaurus* tenía la mitad del largo
del *Triceratops*, pero no era menos
impresionante. Tenía también una nariz
con cuerno alargado y su gola estaba
provista de púas adicionales y
varias más pequeñas. El
Styracosaurus debe de haber
sido muy imponente, si bajaba
la cabeza en una especie de exhibición.

Una piel áspera

¿CÓMO ERA la piel de los dinosaurios? Las impresiones de piel fosilizada nos indican que era escamosa, como la piel de los reptiles, y a veces con placas óseas para protección. La piel de los dinosaurios era adecuada para la vida en tierra y, al igual que la de los reptiles, era impermeable, áspera y córnea. La piel impermeable evita que el animal se seque pronto en el aire, el sol o el viento (animales como las ranas deben permanecer en condiciones húmedas porque su piel es delgada y permeable. La piel áspera y escamosa protege al animal cuando se mueve en la tierra, entre piedras, se cae o arrastra el cuerpo. Las impresiones en la piel de los dinosaurios, como las que se muestran aquí, son pequeñas porque al morir, la piel del animal se descompone muy pronto para ser fosilizada. Sin embargo, en algunos casos, se conservaron impresiones de casi todo el cuerpo. Los dinosaurios que dejaron estas impresiones quizá se secaron en un área árida y su piel se resecó, antes de quedar enterrados por la arena que mueve el viento. La arena se convirtió en arenisca a través de los años y se pegó tanto a la piel, que cuando ésta última desapareció, su forma y diseño exactos permanecieron en la piedra. Nadie sabe de qué color era la piel de los dinosaurios o si tenía rayas o manchas. Se los representa en tonos verdes y marrón.

MAMÍFERO CON ARMADURA
Bien protegido por su armadura ósea, el armadillo actual es como los anquilosaurios o dinosaurios acorazados (d.). También permanecían cerca del suelo cuando los depredadores amenazaban. Pocos atacantes podían dañar sus cuerpos duros.

COLOR COORDINADO
Los dinosaurios quizá tenían una piel de color brillante, como este lagarto. El color de la piel puede ser útil como camuflaje o como señal de advertencia. Este lagarto tal vez usa su piel verde brillante para marcar su territorio o para atraer pareja.

NÓDULO SOLITARIO
Los nódulos óseos, como éste, se mezclaban con placas superpuestas en la piel del *Polacanthus*. Estos nódulos "flotaban" en la piel bajo las escamas, como en los reptiles actuales.

Impresión de piel de *Polacanthus*

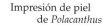

Nódulos elevados para protección

PIEL NUDOSA
Esta impresión de piel nudosa es de un dinosaurio acorazado llamado *Polacanthus*. Con patas cortas y achaparrado, medía 13 pies (4 m) de largo y tenía espinas filosas a lo largo del lomo. Éstas, combinadas con las placas óseas, desalentaban a los carnívoros hambrientos que querían atacarlos.

COMO UN COCODRILO
Los cocodrilos, por ser reptiles, tienen el mismo tipo de piel que los dinosaurios, muy adaptada a las condiciones en tierra seca. La piel nudosa de este cocodrilo "sonriente" es como la impresión de la del *Polacanthus* (i.).

...eborde central
...l nódulo

LOS ANQUILOSAURIOS

Los anquilosaurios tenían huesos fusionados para formar una armadura ósea. Eran los "tanques" acorazados del mundo de los dinosaurios, pues tenían poca altura y mucho peso. Parecían armadillos gigantes reptiles. Tenían mandíbulas chicas y dientes débiles, y comían plantas. Se protegían de los carnívoros grandes agazapándose y pegándose al suelo, dependiendo totalmente de sus pieles ásperas para defenderse.

LA BESTIA COMPLETA

Ésta es la apariencia del _Edmontonia_, uno de los anquilosaurios más grandes. Su armadura incluía púas, que le protegían los hombros y los costados, e hileras de placas óseas.

_Escamas más chicas
para flexibilidad_

...ÓDULO DE ANQUILOSAURIO

...uchos nódulos de anquilosaurios ...an como éste. La base aplanada se ...nía al lomo del animal y el reborde ...ncho central proporcionaba ...rotección. En vida, estaba cubierto ...or una escama ósea (como uña). ...n la ilustración, es posible notar ...s áreas hundidas donde se fijaba.

Impresión
de piel de
saurópodo

_Escamas más
grandes donde
la piel no
se doblaba_

...N ARMADURA Y ESCAMOSO

...uy lisa, comparada con la de los ...nquilosaurios, esta impresión de ...el era de un dinosaurio saurópodo, ...uizá uno como el _Diplodocus_ (págs. ...4-21). La piel era escamosa, no ósea ...omo en los anquilosaurios, y ...rotegía poco contra el ataque. Las ...scamas, aunque muy juntas, tenían ...ordes flexibles donde tocaban, ...tuando como "bisagras" para ...ermitir el movimiento. Puedes ...otar en esta impresión que las ...scamas variaban de tamaño y las ...ás pequeñas estaban donde la piel ...e flexionaba con regularidad.

Dinosaurios con placas

Uno de los grupos más raros de dinosaurios era el de los stegosaurios, llamados así por el dinosaurio norteamericano *Stegosaurus*. Fácilmente reconocibles por la doble hilera de placas que se extendían sobre su lomo, los stegosaurios tenían púas filosas al final de la cola, usadas para dar latigazos y defenderse. A pesar de su temible apariencia, estos dinosaurios eran herbívoros. Caminaban sobre cuatro patas y comían la vegetación baja (lo más adecuado para su cabeza baja). Sus dientes chicos y débiles sólo mordían plantas suaves. La palabra "stegosaurio" significa "lagarto techo", porque se pensaba que las placas quedaban planas sobre el lomo del dinosaurio, como las tejas de un techo. Aunque este arreglo habría proporcionado mejor protección contra los carnívoros, es más probable que las placas estuvieran alzadas en dos hileras a lo largo del lomo. Algunas personas creen que las placas estaban fijas al esqueleto, pero estaban incrustadas en la piel gruesa del dinosaurio.

EL DEBATE DE LAS PLACAS
Los científicos han discutido sobre el acomodo de las placas del *Stegosaurus*. Aquí están alternadas, pero suelen mostrarse en hileras pares. Las placas eran de hueso con espacios emtre ellas, como un panal (servían poco como placas defensivas de armadura).

UN STEGOSAURIO EXTRAÑO
El grabado es un intento por reconstruir un dinosaurio con placas (¡con espinas como de puerco espín en lugar de placas!) Hay pruebas de fósiles de huesos de cadera de que un *Stegosaurus* se erguía sobre las patas traseras.

Columna vertebral

Placa en forma de cono

Hueso en V

PÚAS EN LA COLA
Las placas cónicas grandes en el lomo del *Tuojiangosaurus* dan lugar a dos pares de placas muy puntiagudas, que usaba como arma mortal. Los stegosaurios movían su musculosa cola de un lado a otro con gran fuerza.

Púa filosa defensiva

Pies planos y anchos

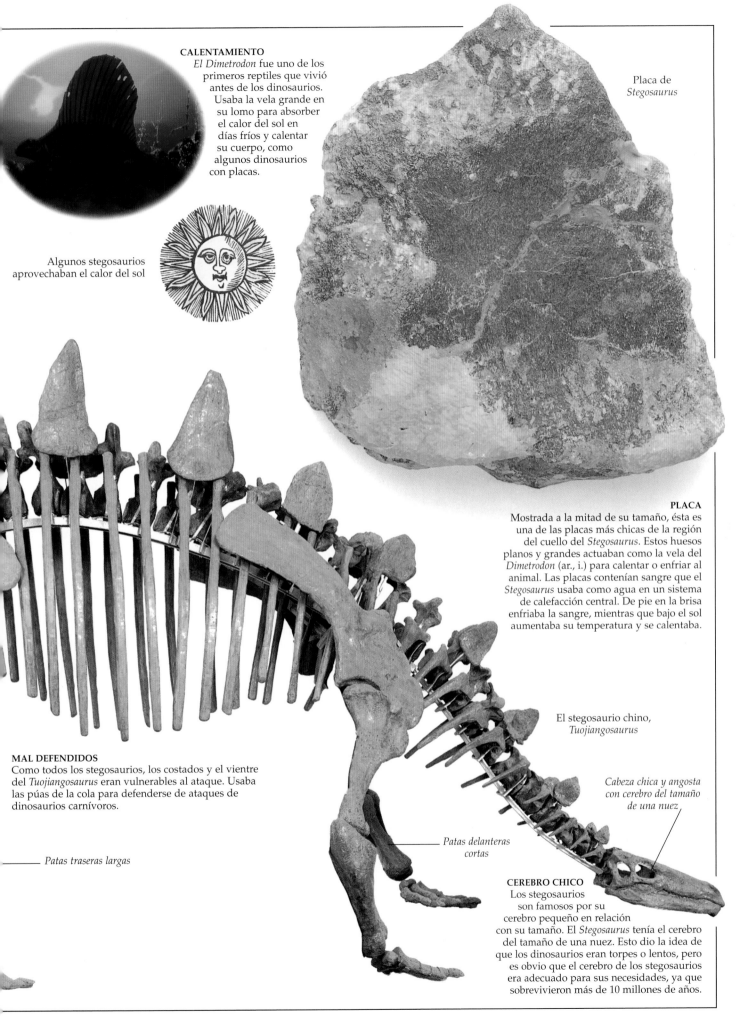

CALENTAMIENTO

El *Dimetrodon* fue uno de los primeros reptiles que vivió antes de los dinosaurios. Usaba la vela grande en su lomo para absorber el calor del sol en días fríos y calentar su cuerpo, como algunos dinosaurios con placas.

Algunos stegosaurios aprovechaban el calor del sol

Placa de *Stegosaurus*

PLACA

Mostrada a la mitad de su tamaño, ésta es una de las placas más chicas de la región del cuello del *Stegosaurus*. Estos huesos planos y grandes actuaban como la vela del *Dimetrodon* (ar., i.) para calentar o enfriar al animal. Las placas contenían sangre que el *Stegosaurus* usaba como agua en un sistema de calefacción central. De pie en la brisa enfriaba la sangre, mientras que bajo el sol aumentaba su temperatura y se calentaba.

El stegosaurio chino, *Tuojiangosaurus*

MAL DEFENDIDOS

Como todos los stegosaurios, los costados y el vientre del *Tuojiangosaurus* eran vulnerables al ataque. Usaba las púas de la cola para defenderse de ataques de dinosaurios carnívoros.

Cabeza chica y angosta con cerebro del tamaño de una nuez

Patas traseras largas

Patas delanteras cortas

CEREBRO CHICO

Los stegosaurios son famosos por su cerebro pequeño en relación con su tamaño. El *Stegosaurus* tenía el cerebro del tamaño de una nuez. Esto dio la idea de que los dinosaurios eran torpes o lentos, pero es obvio que el cerebro de los stegosaurios era adecuado para sus necesidades, ya que sobrevivieron más de 10 millones de años.

Los veloces

NO TODOS LOS DINOSAURIOS eran enormes y pesados. Alguno
tenían una constitución adecuada para la velocidad, para huir
de los atacantes o para perseguir una presa. A diferencia de
los animales actuales que corren veloces con cuatro patas,
como los caballos, los dinosaurios sólo corrían sobre las patas
traseras. Como resultado, todos los que eran veloces tenían
una apariencia muy similar, con patas traseras largas, para
dar pasos largos. Las patas delgadas y los pies angostos
pueden moverse más rápido y eso
les permitía correr con mayor
eficacia. El resto del cuerpo era
ligero y corto, equilibrado por
una cola delgada. Tenía brazos
delgados, manos con garras
chicas, cuello largo y cabeza
pequeña. Algunos dinosaurios
alcanzaban velocidades de 35 mph (56 kph); casi tan veloces
como un caballo de carreras. Aprovechaban su velocidad en
dos formas: para perseguir a una presa o para huir con
rapidez de un atacante. Los dinosaurios herbívoros y
los carnívoros llevaban a cabo una especie de "carrera":
los herbívoros corrían cada vez más rápido para
evitar ser atrapados por los carnívoros.

SIMILAR AL AVESTRUZ
El *Struthiomimus* o "imitación de avestruz",
era similar a esta ave y quizá corría en
forma parecida. Los científicos creen que
tenía plumas. La diferencia principal es la
cola larga y ósea del *Struthiomimus* y sus
manos con garras en lugar de alas.

PEQUEÑO Y CON DIENTES
Este dinosaurio veloz, el
Heterodontosaurus, medía sólo 3 pies
(1 m) de largo. Tenía tres tipos
diferentes de dientes y era herbívoro.

*Cuello largo hacia
adelante cuando corría*

Gallimimus en movimiento

*Cola tensa para
equilibrarse*

NO TOMABA NADA
Muy relacionado con el
Struthiomimus (ar., i.), el
Gallimimus era muy similar a
un ave, con su pico sin dientes
Las manos no estaban
adaptadas para asir objetos.

*Los pies angostos le
daban velocidad*

DINOSAURIOS VELOCES
Los dinosaurios herbívoros pequeños y ágiles,
como el *Hypsilophodon* (ab.), eran veloces
corredores. Al medir sus piernas y comparar
su forma con la de los animales modernos, los
expertos calculan que alcanzaban velocidades
de 30 mph (45 kph).

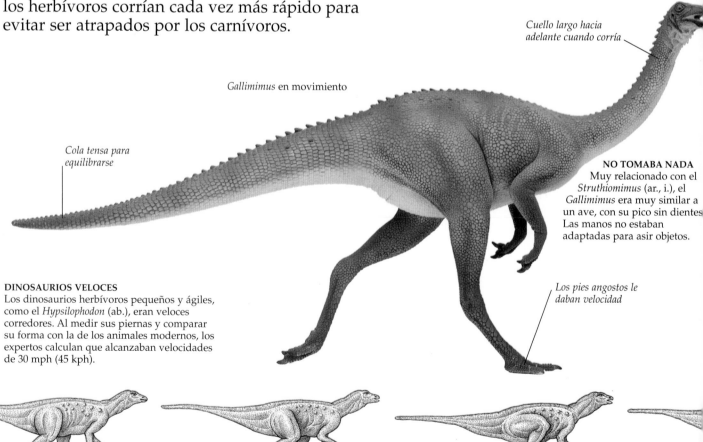

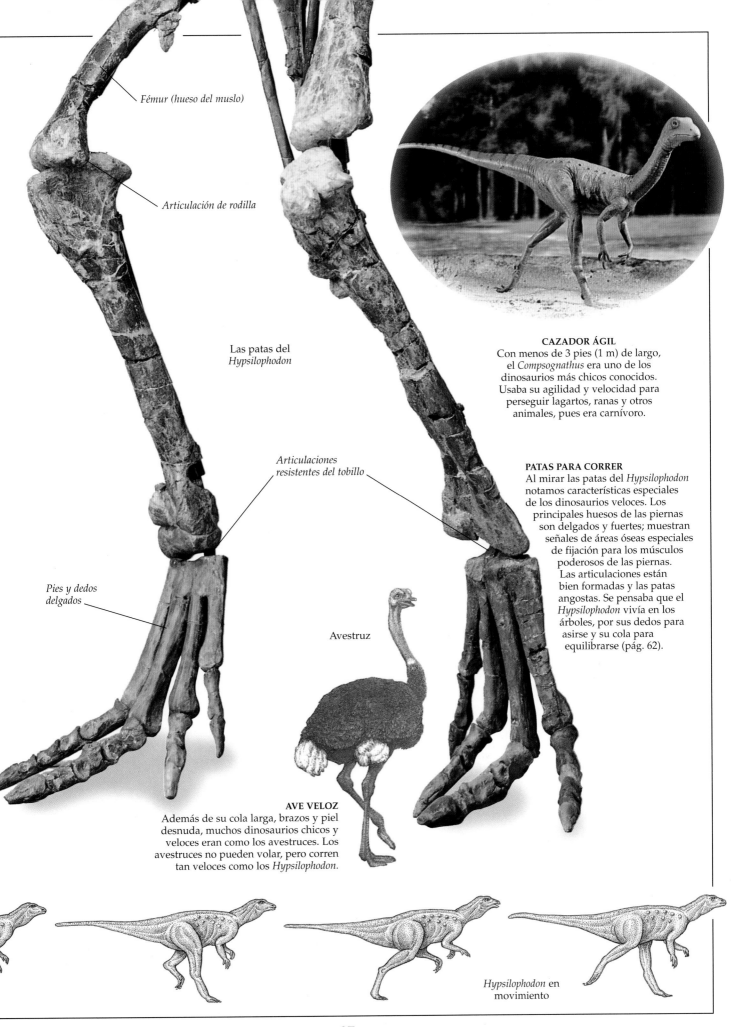

Fémur (hueso del muslo)

Articulación de rodilla

Las patas del
Hypsilophodon

Articulaciones
resistentes del tobillo

Pies y dedos
delgados

CAZADOR ÁGIL
Con menos de 3 pies (1 m) de largo,
el *Compsognathus* era uno de los
dinosaurios más chicos conocidos.
Usaba su agilidad y velocidad para
perseguir lagartos, ranas y otros
animales, pues era carnívoro.

PATAS PARA CORRER
Al mirar las patas del *Hypsilophodon*
notamos características especiales
de los dinosaurios veloces. Los
principales huesos de las piernas
son delgados y fuertes; muestran
señales de áreas óseas especiales
de fijación para los músculos
poderosos de las piernas.
Las articulaciones están
bien formadas y las patas
angostas. Se pensaba que el
Hypsilophodon vivía en los
árboles, por sus dedos para
asirse y su cola para
equilibrarse (pág. 62).

Avestruz

AVE VELOZ
Además de su cola larga, brazos y piel
desnuda, muchos dinosaurios chicos y
veloces eran como los avestruces. Los
avestruces no pueden volar, pero corren
tan veloces como los *Hypsilophodon*.

Hypsilophodon en
movimiento

¿Dos o cuatro patas?

¿POR QUÉ ALGUNOS dinosaurios caminaban sobre cuatro patas y otros sobre dos? La respuesta es simple: los dinosaurios caminaban en la forma más adecuada para su estilo de vida. Casi todos los carnívoros caminaban sobre las patas traseras, porque necesitaban usar las manos para atrapar y sostener a su presa. Otros dinosaurios caminaban sobre cuatro patas, porque su enorme tamaño y peso necesitaba apoyarse en cuatro resistentes "postes". Sin embargo, los fósiles hallados sugieren que incluso los herbívoros grandes y pesados como el *Diplodocus* (pág. 14) podían erguirse sobre las patas traseras, al menos por períodos cortos. Algunos dinosaurios, como los hadrosaurios, tenían la opción de caminar sobre dos o cuatro patas, según lo que hicieran en ese momento. Es posible que prefirieran caminar sobre las cuatro patas lentamente, para poder comer la vegetación baja. Cuando se alarmaban, podían erguirse sobre las patas traseras. Estos dinosaurios necesitaban "manos" especiales para soportar el peso y asir.

Una madre saurópoda erguida defiende a su cría

"¡NO TE ACERQUES MÁS!"
Este modelo de museo muestra a una madre *Barosaurus* erguida sobre las dos patas traseras. Defiende a su cría contra el ataque de un *Allosaurus*. Los científicos aún discuten si un saurópodo enorme podría comportarse así.

Garra como pezuña

Pata de *Scelidosaurus*

APOYO EN LAS MANOS
Este hueso de dedo de hadrosaurio está típicamente aplanado y es similar a una pezuña. Soportaba el peso del dinosaurio sobre las cuatro patas.

Dedo de hadrosaurio

DEDO
El *Triceratops* caminaba siempre sobre cuatro patas, por lo que este hueso de dedo de *Triceratops* puede ser de una pata delantera o trasera. El hueso del dedo es más ancho y similar a una pezuña que el del hadrosaurio (ar.). Esto es porque el hadrosaurio no usaba mucho sus patas delanteras.

Dedo de *Triceratops*

Huesos del tobillo

¿A PIE?
Ésta es la pata trasera completa de un dinosaurio herbívoro llamado *Scelidosaurus*. Estaba acorazado con placas óseas que se extendían a lo largo de su cuerpo. El *Scelidosaurus* siempre caminaba sobre cuatro patas y era fuerte y ancho, con cuatro dedos poderosos que soportaban el pesado cuerpo. El primer dedo pequeño apenas tocaba el suelo.

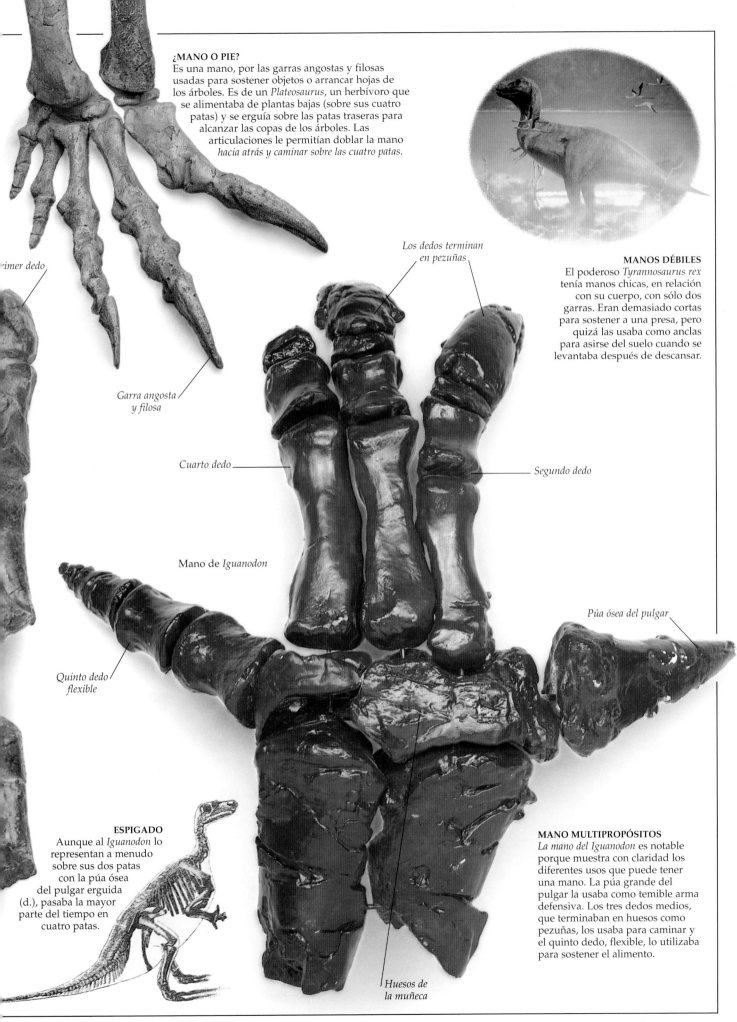

¿MANO O PIE?

Es una mano, por las garras angostas y filosas usadas para sostener objetos o arrancar hojas de los árboles. Es de un *Plateosaurus*, un herbívoro que se alimentaba de plantas bajas (sobre sus cuatro patas) y se erguía sobre las patas traseras para alcanzar las copas de los árboles. Las articulaciones le permitían doblar la mano *hacia atrás y caminar sobre las cuatro patas.*

rimer dedo

Garra angosta y filosa

Los dedos terminan en pezuñas

MANOS DÉBILES

El poderoso *Tyrannosaurus rex* tenía manos chicas, en relación con su cuerpo, con sólo dos garras. Eran demasiado cortas para sostener a una presa, pero quizá las usaba como anclas para asirse del suelo cuando se levantaba después de descansar.

Cuarto dedo

Segundo dedo

Mano de *Iguanodon*

Púa ósea del pulgar

Quinto dedo flexible

ESPIGADO

Aunque al *Iguanodon* lo representan a menudo sobre sus dos patas con la púa ósea del pulgar erguida (d.), pasaba la mayor parte del tiempo en cuatro patas.

MANO MULTIPROPÓSITOS

La mano del Iguanodon es notable porque muestra con claridad los diferentes usos que puede tener una mano. La púa grande del pulgar la usaba como temible arma defensiva. Los tres dedos medios, que terminaban en huesos como pezuñas, los usaba para caminar y el quinto dedo, flexible, lo utilizaba para sostener el alimento.

Huesos de la muñeca

Huellas antiguas

ADEMÁS DE DEJAR sus huesos fosilizados como prueba, los dinosaurios dejaron también su marca en la Tierra en forma de huellas. Se han encontrado huellas donde los dinosaurios caminaban sobre tierra suave y pantanosa, por ejemplo, en las orillas de los ríos, en busca de comida y agua. Luego, las huellas se secaron y endurecieron bajo el sol. Finalmente, a través de la lluvia o la inundación, el agua llevó más arena o lodo que enterró las huellas, hasta que se fosilizaron. A dichas huellas se les llama rastros fosilizados, porque no son parte del animal; estas huellas pueden decir mucho sobre cómo se movían los dinosaurios. Muchas huellas del mismo tipo encontradas juntas, con más pequeñas en el centro, sugieren que algunos dinosaurios se movían en manadas, con los jóvenes protegidos en el centro.

RECORRIERON TODO EL MUNDO
Se han encontrado huellas de dinosaurios en todo el mundo. Estas huellas encontradas en Queensland, Australia, son de carnívoros pequeños, que iban juntos como manada. Los expertos pueden juzgar la velocidad a la que se movían al medir la distancia entre las huellas.

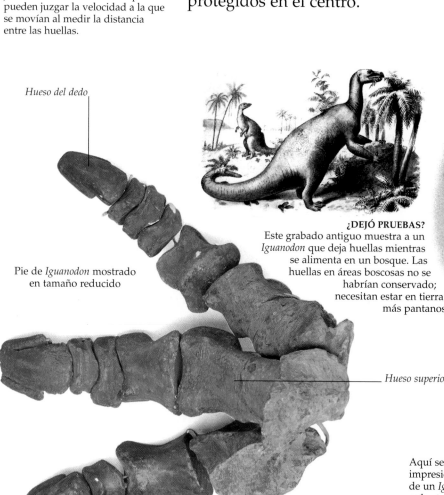

Hueso del dedo

Pie de *Iguanodon* mostrado en tamaño reducido

¿DEJÓ PRUEBAS?
Este grabado antiguo muestra a un *Iguanodon* que deja huellas mientras se alimenta en un bosque. Las huellas en áreas boscosas no se habrían conservado; necesitan estar en tierra más pantanosa.

Hueso superior del pie

PIE FOSILIZADO
Los pies de un *Iguanodon* (ar.) tenían que ser fuertes para soportar el gran peso del animal. Quizá el *Iguanodon* caminaba sobre los dedos, como los gatos y los perros actuales. El pie deja una huella en forma de trébol y se han encontrado muchas en el sur de Gran Bretaña. Mientras más pesado haya sido el dinosaurio, mejor es la huella (d.).

UNA BUENA IMPRESIÓN
Aquí se muestra casi de tamaño real, parte de la impresión fosilizada de la pata trasera izquierda de un *Iguanodon*. Aunque parece enorme, esta huella es bastante chica comparada con otras que se han encontrado. Un *Iguanodon* grande adulto dejaba huellas de 36 pulg (90 cm) de largo. Es probable que el animal pesara 2 toneladas. Esta huella quizá la dejó uno joven que sólo pesaba media tonelada.

Huella de *Iguanod...*

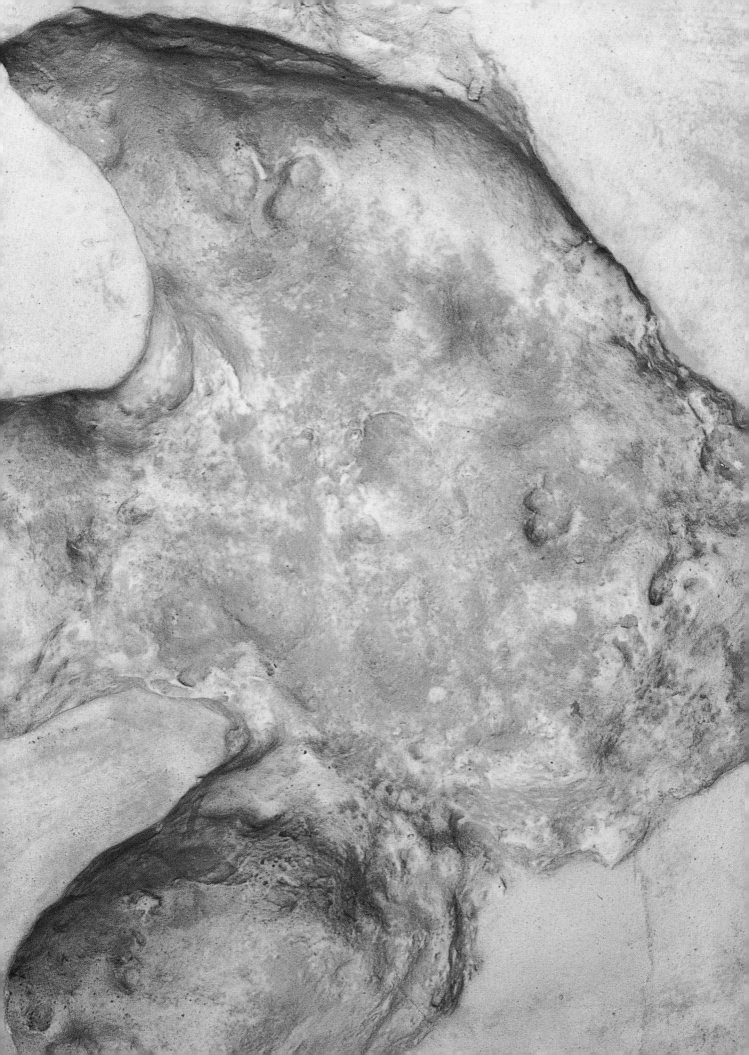

Las garras y sus usos

TODAS LAS GARRAS nos hablan acerca del estilo de vida de sus dueños. Los dinosaurios que cazaban y mataban a otros animales tenían garras curvas, muy angostas y filosas, como las garras de las patas del águila. Las usaban como dagas para sostener firmemente y evitar que la desafortunada víctima escapara. Las garras ayudaban también a herir o incluso a matar a la presa. Quizá el depredador más aterrador con garras de la era de los dinosaurios fue el *Deinonychus*, o "garra terrible". Tenía una enorme garra como hoz en su segundo dedo y brazos largos con manos con tres garras. Saltaba sobre su víctima y la desgarraba, mientras usaba su larga cola para equilibrarse. En contraste, los dinosaurios herbívoros y omnívoros no tenían las garras filosas, sino anchas y planas, porque no las necesitaban para matar. Eran también más fuertes y toscas, porque tenían muchos usos, desde caminar, hasta rascar o excavar en busca de comida. A veces, usaban estas garras como pezuñas para defenderse, como armas para atacar a los carnívoros.

Protuberancia para la fijación de músculo fuerte

GARRA DEL PULGAR
Esta garra es del pulgar de un *Massospondylus*. En la ligera protuberancia de la base se fijaba el músculo.

"LAGARTOS SALTARINES"
Atrapados en acción y mostrando los dientes, estos carnívoros muestran cómo usan mejor sus garras, ¡pero para atacar!

GARRAS REPULSIVAS
Este dinosaurio con plumas, era el *Velociraptor*, o "ladrón veloz". Sus mandíbulas tenían dientes filosos como navajas, pero sus armas más formidables eran cuatro juegos de garras ganchudas y mortales. Usaba la mano para sostener a su presa. El *Velociraptor* era lo bastante ágil para levantar una pata y asestar un golpe mortal, al tiempo que cortaba la carne de su víctima.

Garra aplanada

NO PARA ATACAR
Esta garra perteneció a un *Ornithomimus*. Aunque este dinosaurio era carnívoro, sus garras estaban muy aplanadas y no le servían para defensa o ataque.

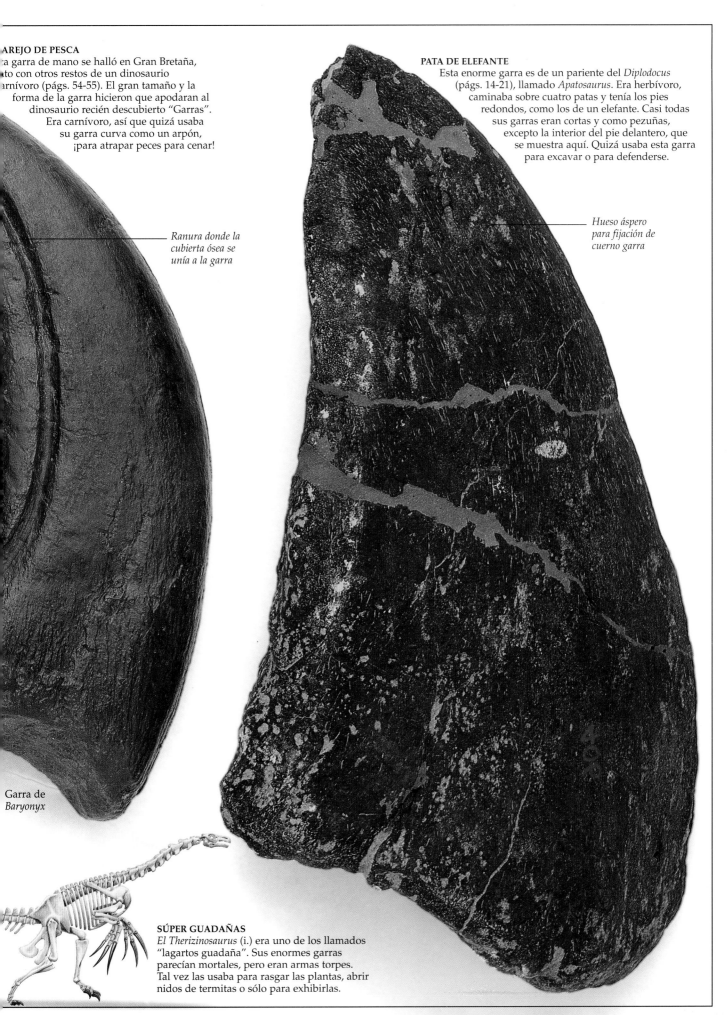

AREJO DE PESCA
...a garra de mano se halló en Gran Bretaña,
...to con otros restos de un dinosaurio
...rnívoro (págs. 54-55). El gran tamaño y la
forma de la garra hicieron que apodaran al
dinosaurio recién descubierto "Garras".
Era carnívoro, así que quizá usaba
su garra curva como un arpón,
¡para atrapar peces para cenar!

_Ranura donde la
cubierta ósea se
unía a la garra_

Garra de
Baryonyx

PATA DE ELEFANTE
Esta enorme garra es de un pariente del _Diplodocus_
(págs. 14-21), llamado _Apatosaurus_. Era herbívoro,
caminaba sobre cuatro patas y tenía los pies
redondos, como los de un elefante. Casi todas
sus garras eran cortas y como pezuñas,
excepto la interior del pie delantero, que
se muestra aquí. Quizá usaba esta garra
para excavar o para defenderse.

_Hueso áspero
para fijación de
cuerno garra_

SÚPER GUADAÑAS
El _Therizinosaurus_ (i.) era uno de los llamados
"lagartos guadaña". Sus enormes garras
parecían mortales, pero eran armas torpes.
Tal vez las usaba para rasgar las plantas, abrir
nidos de termitas o sólo para exhibirlas.

Huevos y nidos

Un bebé *Maiasaura* (pág. 46) sale de su huevo

LOS DINOSAURIOS, IGUAL QUE LOS REPTILES y las aves actuales, ponían huevos con cascarón duro, como lo indican muchos huevos fosilizados de dinosaurio, algunos con esqueletos pequeños. A veces, los huevos se encontraron en nidos, con restos de los dinosaurios padres cerca. Los nidos encontrados completos con crías fosilizadas indican que los dinosaurios bebés, como las aves, permanecían por instinto en su nido, sin importar lo que le sucediera a la madre. Los nidos encontrados cerca uno de otro sugieren que algunos dinosaurios anidaban en colonias. Los huevos de dinosaurio no eran muy grandes. Si estuvieran en proporción con el tamaño de algunos dinosaurios adultos, los cascarones serían muy gruesos para empollar y no permitirían que llegara suficiente oxígeno a las crías.

Grietas surgidas durante la fosilización

Huevo de *Oviraptor*

Huevo de dinosaurio no identificado

Huevo de codorniz

DINOSAURIO Y AVE
La cría que habría salido del huevo de dinosaurio (d.) hubiera tenido que crecer mucho antes de ser adulto, más que un polluelo de un huevo de ave moderna, como el huevo de codorniz (ar.).

Cascarón texturizado de huevo de dinosaurio

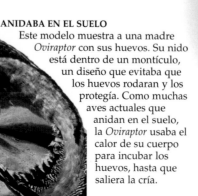

ANIDABA EN EL SUELO
Este modelo muestra a una madre *Oviraptor* con sus huevos. Su nido está dentro de un montículo, un diseño que evitaba que los huevos rodaran y los protegía. Como muchas aves actuales que anidan en el suelo, la *Oviraptor* usaba el calor de su cuerpo para incubar los huevos, hasta que saliera la cría.

CASCARÓN DUR
Este huevo alarga fue parte de la pruebas de que le dinosaurios poní huevos. Los ponían en tierra, como los lagart actuales. Los anfibios, de los qu evolucionaron, tenían que poner su huevos en el agua, donde se formaba los renacuajos. Los reptiles pueden poner su huevos en la tierra porque los huevos tiene cascarones duros, con una charca privada e el interior para que la cría se desarrolle a salv El poner los huevos de esta manera fue quiz uno de los motivos por el que los dinosauri sobrevivieron tanto tiempo en la Tierr

LADRÓN DE HUEVOS?

la década de 1920, este nido
ilizado y otros se descubrieron
el Desierto de Gobi, de Mongolia
China. Durante mucho tiempo, los
ntíficos creyeron que los nidos
tenecieron al dinosaurio herbívoro
toceratops. Cuando se encontraron
tos de un *Oviraptor* en el sitio de
fósiles, se pensó que estaba ahí
espera de robarse los huevos
nombre *Oviraptor* significa "ladrón
huevos"). En forma gradual se
contraron más restos de *Oviraptor*.
la década de 1990, los científicos
mprendieron que los nidos y los
evospertenecían al *Oviraptor*, no
Protoceratops.

l nido en el que estaban
terrados los huevos
e convirtió en arenisca
través del proceso
e fosilización

Nacimiento y desarrollo

COMO LA MAYORÍA de los dinosaurios eran muy grandes, es difícil imaginarlos en las etapas de bebés, jóvenes y adultos. Descubrimientos recientes nos permitieron recrear un poco de sus vidas. Sabemos que las madres dinosaurio ponían sus huevos en nidos ahuecados en el suelo (págs. 44-45). En algunos casos, se han encontrado esqueletos pequeños de crías en el interior de los huevos. Se hallaron colonias de nidos de dinosaurios hocico de pato que contienen esqueletos de crías. Los dientes de la madre dinosaurio estaban desgastados, lo que indica que proveía alimento. En el caso de los saurópodos, que se movían en manadas (pág. 12), es posible que los pequeños caminaran en el centro, protegidos por los adultos a los costados. Algunos dinosaurios, como los ceratopsios, cambiaban las proporciones del cuerpo al crecer.

LA GUARDERÍA
Esta antigua ilustración data de cuando se pensó que los huevos del Desierto de Gobi eran de *Protoceratops*. Así imaginaba la gente una guardería de dinosaurios. Hay *Protoceratops* bebés en varias etapas: empollando, dando los primeros pasos y luchando por salir de la arena.

Fosa nasal

Reborde plano de nariz

Órbita (cuenca del ojo)

Fosa nasal

Fragmentos de cascarón de saurópodo

CASCARONES GIGANTES
Estos fragmentos de huevos redondos y grandes son de los enormes dinosaurios saurópodos, como el *Diplodocus* (pág. 14).

SALE UNA BESTIA
Este cascarón fosilizado (i.) contiene una cría de dinosaurio hocico de pato llamado *Maiasaura*, o "lagarto buena madre". Se halló en la década de 1980, en Montana, EUA, junto con cientos de huevos y bebés dinosaurios. Se muestra aquí en tamaño natural y cabe en la mano de un adulto.

Fragmentos de cascarón de *Protoceratops*

CASCARONES ÁSPEROS
La superficie de estos fragmentos de cascarón de *Protoceratops* es típica de los huevos de dinosaurio.

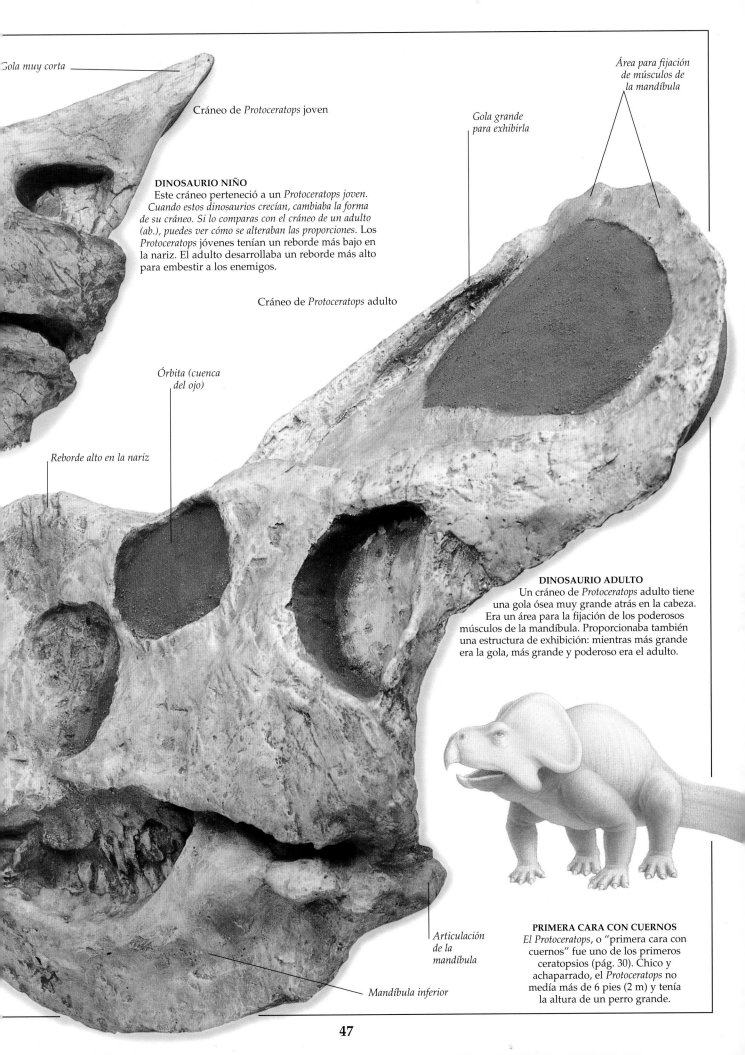

Gola muy corta

Cráneo de *Protoceratops* joven

Área para fijación
de músculos de
la mandíbula

Gola grande
para exhibirla

DINOSAURIO NIÑO
Este cráneo perteneció a un *Protoceratops* joven.
Cuando estos dinosaurios crecían, cambiaba la forma
de su cráneo. Si lo comparas con el cráneo de un adulto
(ab.), puedes ver cómo se alteraban las proporciones. Los
Protoceratops jóvenes tenían un reborde más bajo en
la nariz. El adulto desarrollaba un reborde más alto
para embestir a los enemigos.

Cráneo de *Protoceratops* adulto

Órbita (cuenca
del ojo)

Reborde alto en la nariz

DINOSAURIO ADULTO
Un cráneo de *Protoceratops* adulto tiene
una gola ósea muy grande atrás en la cabeza.
Era un área para la fijación de los poderosos
músculos de la mandíbula. Proporcionaba también
una estructura de exhibición: mientras más grande
era la gola, más grande y poderoso era el adulto.

Articulación
de la
mandíbula

PRIMERA CARA CON CUERNOS
El Protoceratops, o "primera cara con
cuernos" fue uno de los primeros
ceratopsios (pág. 30). Chico y
achaparrado, el *Protoceratops* no
medía más de 6 pies (2 m) y tenía
la altura de un perro grande.

Mandíbula inferior

La extinción de los dinosaurios

LOS DINOSAURIOS DESAPARECIERON de la Tierra repentinamente y el motivo aún es un misterio. Hace 70 millones de años gobernaban la Tierra y cinco millones de años después, todos se extinguieron, quizá sólo en unos meses. Los científicos presentaron varias teorías para explicar su extinción repentina, pero muchos ignoran un punto vital: los dinosaurios fueron sólo parte de los animales que desaparecieron al mismo tiempo, incluidos todos los reptiles nadadores y voladores. Por lo tanto, cualquier teoría que explique la extinción de los dinosaurios debe explicar también la desaparición de dichos grupos. Las teorías son numerosas. Algunos piensan que mamíferos chicos se comieron todos los huevos de dinosaurio. Esto es muy improbable y además ¿cómo explicar la extinción simultánea de las otras especies? ¡Otros creen que los dinosaurios se cansaron de la vida en la Tierra y murieron de aburrimiento!

Fragmento de meteorito de piedra

PLANTAS VENENOSAS
Se ha sugerido que los dinosaurios murieron porque comieron nuevas clases de plantas venenosas, como la belladona, que comenzó a crecer en la Tierra.

Amonites fosilizado

ROCAS DEL ESPACIO
Un motivo de la extinción repentina es que un meteorito del espacio chocara con la Tierra. Esto sería catastrófico y causaría una enorme nube de vapor y polvo que oscurecería la Tierra por mucho tiempo, matando las plantas y los animales que se alimentaban con éstas.

UNA EXTINCIÓN EN MASA
Muchos animales murieron al mismo tiempo que la extinción de los dinosaurios. Lo sucedido afectó a algunos animales y a otros no. El amonites (ar., i.), un tipo de molusco, se extinguió, así como los mosasaurios, los plesiosaurios y los ictiosaurios, grupos de reptiles marinos carnívoros (ar., d.). Los cocodrilos de mar se extinguieron, pero los de río sobrevivieron. Los reptiles voladores, los pterosaurios, desaparecieron, pero las aves no.

Fragmento de meteorito de hierro

Isquión de *Iguanodon*
(hueso de la cadera)

Cuerpo del isquión inclinado hacia adelante, luego de su reparación

Sección de columna
de hadrosaurio

*Apófisis
vertebral*

EL INICIO DEL FIN
Un *Tyrannosaurus
rex* huye aterrado
cuando un meteorito
choca con la Tierra. El
impacto tendría el efecto
de una guerra nuclear masiva.
Nubes negras densas de polvo y
tizne ocultarían el sol durante meses.

UNA TUMURACIÓN
Los dinosaurios podían padecer cáncer. Esta sección de
columna vertebral era de un hadrosaurio y muestra un área
inflamada que era un tumor canceroso en el hueso.

*Punto de
fractura*

*Área hinchada
de tumuración*

*Cuerpo de
la vértebra*

*Engrosamiento del hueso
alrededor de la fractura*

HUESO FRACTURADO
Durante su reinado, los dinosaurios no estaban inmunes a
enfermedades y accidentes. El hueso de la cadera del *Iguanodon*
(ar.) muestra una fractura que se curó sola.

¿Dinosaurio o ave?

ACASO, ¿LAS AVES DESCIENDEN de los dinosaurios? El debate se inició con el descubrimiento del fósil de un ave, el *Archaeopteryx*. Vivió hace 150 millones de años, junto con los dinosaurios. Tenía plumas, como las aves, pero también características de reptil, como dientes. ¿Podría ser el eslabón perdido entre los dinosaurios y las aves? Se mostró que el *Archaeopteryx* compartía más de 20 características con dinosaurios carnívoros como el *Coelophysis* (d.). En las pruebas faltaba un fósil de dinosaurio con espoleta: las aves tienen una muy desarrollada, que ayuda a mantener en su sitio la articulación del ala. Ahora sabemos que varios dinosaurios, principalmente carnívoros, tenían espoleta. En China, los cazadores de fósiles desenterraron rastros de plumas de dinosaurios, como el *Caudipteryx* y el *Sinornithosaurus*. Algunos científicos piensan que los terópodos en América del Norte, incluidos el *Bambiraptor* y el *Troodon*, tenían plumas, pero otros se muestran escépticos respecto al vínculo dinosaurio-ave.

AVES DE UNA PLUMA
El *Archaeopteryx*, mostrado aquí en una rama de gingko (págs. 10-11), tenía varias características de ave. Su cola era larga, con huesos en el centro, y tenía garras en las alas y dientes. Sus alas estaban diseñadas para volar, pero es poco probable que el *Archaeopteryx* pudiera volar como las aves modernas.

Archaeopteryx

Garras en alas

Impresiones de plumas

Cola larga y huesuda

Cola larga

AVE BÁVARA
Descubierto en Alemania, este fósil de *Archaeopteryx* es el mejor ejemplo hallado hasta la fecha. Está conservado en piedra caliza bávara de grano fino. Se distinguen con claridad las plumas de las alas y la cola, el cuello y la cabeza torcidos e incluso las garras en las alas.

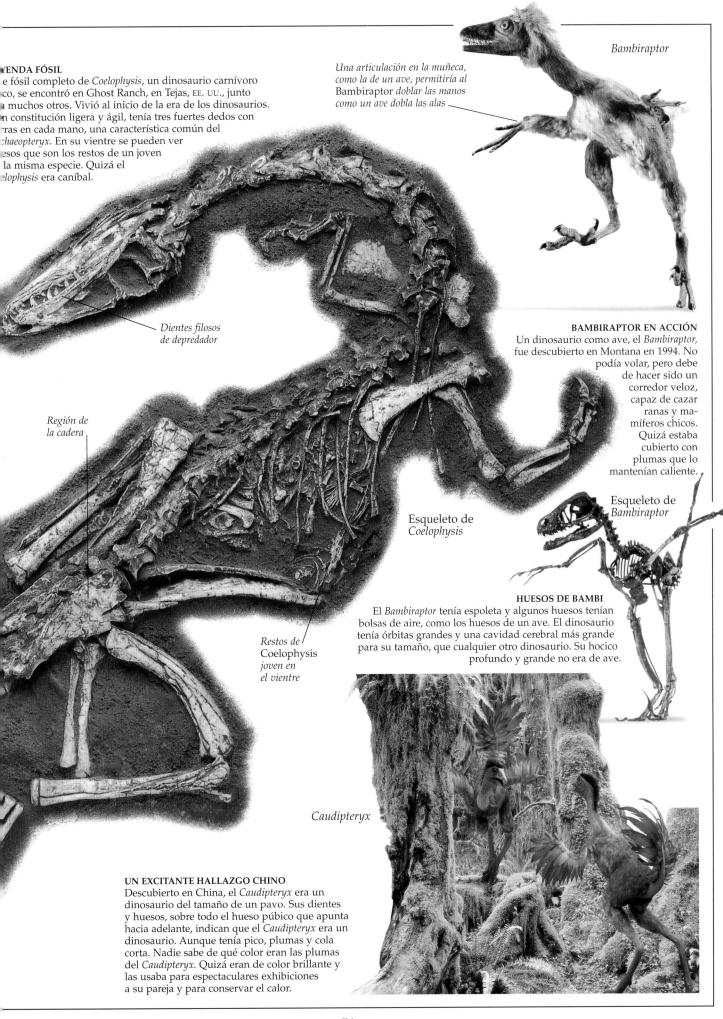

Bambiraptor

LEYENDA FÓSIL

[E]l fósil completo de *Coelophysis*, un dinosaurio carnívoro [chi]co, se encontró en Ghost Ranch, en Tejas, EE. UU., junto [a] muchos otros. Vivió al inicio de la era de los dinosaurios. [De] constitución ligera y ágil, tenía tres fuertes dedos con [gar]ras en cada mano, una característica común del [Arc]haeopteryx. En su vientre se pueden ver [hu]esos que son los restos de un joven [de] la misma especie. Quizá el [Co]elophysis era caníbal.

*Una articulación en la muñeca,
como la de un ave, permitiría al
Bambiraptor doblar las manos
como un ave dobla las alas*

*Dientes filosos
de depredador*

*Región de
la cadera*

Esqueleto de
Coelophysis

Restos de
Coelophysis
*joven en
el vientre*

BAMBIRAPTOR EN ACCIÓN

Un dinosaurio como ave, el *Bambiraptor*, fue descubierto en Montana en 1994. No podía volar, pero debe de hacer sido un corredor veloz, capaz de cazar ranas y ma- míferos chicos. Quizá estaba cubierto con plumas que lo mantenían caliente.

Esqueleto de
Bambiraptor

HUESOS DE BAMBI

El *Bambiraptor* tenía espoleta y algunos huesos tenían bolsas de aire, como los huesos de un ave. El dinosaurio tenía órbitas grandes y una cavidad cerebral más grande para su tamaño, que cualquier otro dinosaurio. Su hocico profundo y grande no era de ave.

Caudipteryx

UN EXCITANTE HALLAZGO CHINO

Descubierto en China, el *Caudipteryx* era un dinosaurio del tamaño de un pavo. Sus dientes y huesos, sobre todo el hueso púbico que apunta hacia adelante, indican que el *Caudipteryx* era un dinosaurio. Aunque tenía pico, plumas y cola corta. Nadie sabe de qué color eran las plumas del *Caudipteryx*. Quizá eran de color brillante y las usaba para espectaculares exhibiciones a su pareja y para conservar el calor.

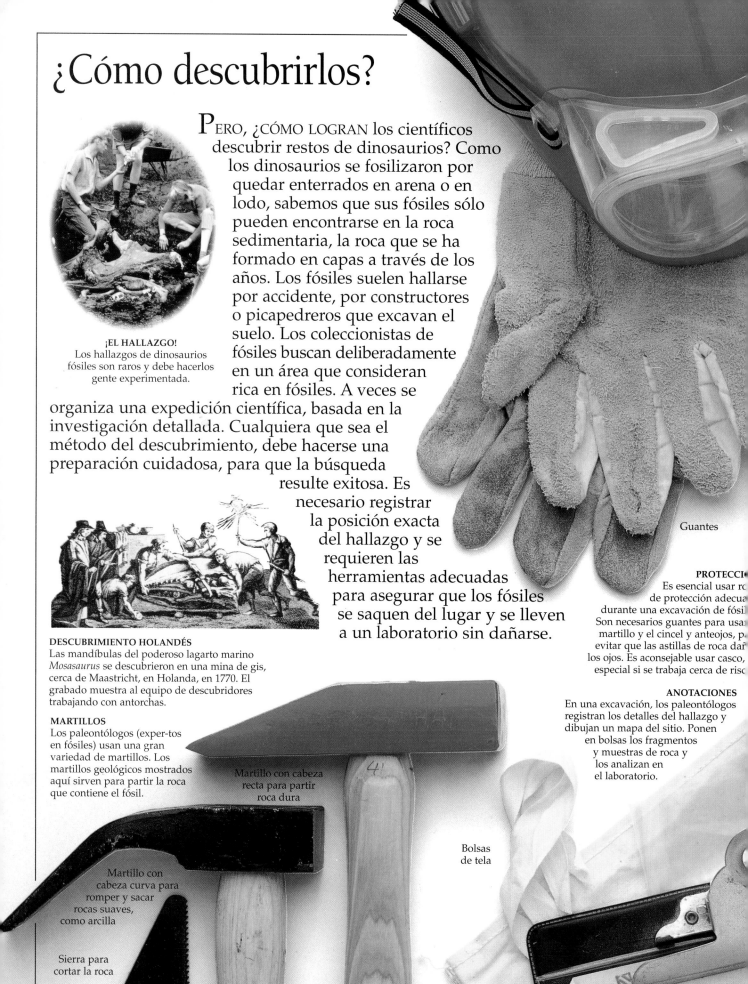

¿Cómo descubrirlos?

Pero, ¿cómo logran los científicos descubrir restos de dinosaurios? Como los dinosaurios se fosilizaron por quedar enterrados en arena o en lodo, sabemos que sus fósiles sólo pueden encontrarse en la roca sedimentaria, la roca que se ha formado en capas a través de los años. Los fósiles suelen hallarse por accidente, por constructores o picapedreros que excavan el suelo. Los coleccionistas de fósiles buscan deliberadamente en un área que consideran rica en fósiles. A veces se organiza una expedición científica, basada en la investigación detallada. Cualquiera que sea el método del descubrimiento, debe hacerse una preparación cuidadosa, para que la búsqueda resulte exitosa. Es necesario registrar la posición exacta del hallazgo y se requieren las herramientas adecuadas para asegurar que los fósiles se saquen del lugar y se lleven a un laboratorio sin dañarse.

¡EL HALLAZGO!
Los hallazgos de dinosaurios fósiles son raros y debe hacerlos gente experimentada.

DESCUBRIMIENTO HOLANDÉS
Las mandíbulas del poderoso lagarto marino *Mosasaurus* se descubrieron en una mina de gis, cerca de Maastricht, en Holanda, en 1770. El grabado muestra al equipo de descubridores trabajando con antorchas.

MARTILLOS
Los paleontólogos (exper-tos en fósiles) usan una gran variedad de martillos. Los martillos geológicos mostrados aquí sirven para partir la roca que contiene el fósil.

Martillo con cabeza recta para partir roca dura

Martillo con cabeza curva para romper y sacar rocas suaves, como arcilla

Sierra para cortar la roca

Guantes

PROTECCI
Es esencial usar r de protección adecua durante una excavación de fósi Son necesarios guantes para usa martillo y el cincel y anteojos, p evitar que las astillas de roca da los ojos. Es aconsejable usar casco, especial si se trabaja cerca de risc

ANOTACIONES
En una excavación, los paleontólogos registran los detalles del hallazgo y dibujan un mapa del sitio. Ponen en bolsas los fragmentos y muestras de roca y los analizan en el laboratorio.

Bolsas de tela

Casco y anteojos
protectores

COSTILLAS EN UN FORRO
Cuando los fósiles están
expuestos en parte, suelen
cubrirlos con forros de yeso para
protegerlos durante el transporte
al laboratorio. En este forro
pueden verse dos costillas de un
dinosaurio recién descubierto, el
Baryonyx (págs. 54-55).

Pegamento

PEGAMENTO Y PINCELES
Se usan pinceles para
retirar el polvo mientras se
rompe la roca alrededor del
fósil. Cuando un fósil está
expuesto, suelen cubrirlo
con un endurecedor, como
la cola, para pegar
fragmentos sueltos.

Pincel suave

Costillas de
Baryonyx en un
forro de yeso

Mazo

*Papel de
aluminio
cubre el
fósil*

EL HALLAZGO
Cuando la roca en la
que está el fósil es muy
dura, se necesitan un
martillo pesado y
cinceles. Este mazo se
usa para incrustar los
cinceles en la roca. Es
útil tener una amplia
variedad de cinceles,
para esquinas difíciles.

inceles puntiagudos y planos

Bolsas de
plástico

PROTEGEN EL HALLAZGO
Un paleontólogo en una
excavación cubre un fósil
con una capa de yeso.

FORRO DE POLIURETANO
A veces protegen los fósiles con un forro
de poliuretano. Envuelven primero los
fósiles en papel de aluminio y luego vierten las
sustancias químicas para formar la espuma de
poliuretano. La espuma se expande y rodea al
fósil, que pueden mover con seguridad.
ALERTA: La espuma despide gases tóxicos al
mezclarla. Sólo deben usarla profesionales.

Tabla con
sujetapapeles, con
dibujo del sitio y
libreta con notas

Pincel duro

Forro de
poliuretano

MATERIAS PRIMAS
Para hacer un forro de yeso, se
mezcla el yeso con agua y se forma
una pasta, luego se sumerge el
lienzo. Se usa una capa de papel
de seda para cubrir la roca y el
fósil, antes de aplicar el yeso y
el lienzo. Esto evita que el yeso
se pegue a la roca y al fósil.

Lienzo de yesero (tela
con tejido abierto) y
yeso de París

La reconstrucción

Hueso de pie de *Iguanodon*

Cartílago de articulación del tobillo

Marcas de ligamentos

DESPUÉS DEL DIFÍCIL trabajo de excavación, llevan los fósiles al laboratorio para preparación, estudio y exhibición. Este proceso es largo. Primero es necesario sacar de los forros protectores los fósiles (pág. 53). Luego hay que retirar el resto de roca o tierra donde originalmente estaba enterrado el fósil. Se usan cinceles en las piezas de roca dura o herramientas más delicadas (como taladros de dentistas) para el trabajo detallado. Se emplean algunas sustancias químicas para disolver la roca. Se estudian los huesos limpios, para entender cómo encajan entre sí y saber cómo vivía el dinosaurio. Algunos indicios se encuentra en la superficie de los huesos, porque los músculos suelen dejar marcas claras donde se fijaban. Estas marcas se usan para reconstruir los músculos o la carne del dinosaurio.

MARCAS EN EL HUE
Este hueso de pie de *Iguano*
proporciona indicios de la fijaci
de músculos. La superficie c
extremo superior izquierdo
áspera por la fijación c
cartílago de la articulaci
del tobillo; hay marcas
ligamentos de fijación
otroshuesos. El ár
áspera en la pa
inferior del hueso
de una articulaci
cartilaginosa c
dedo med

Área de cartíla
de articulació
del dedo

EN EXHIBICIÓN
Los museos exhiben réplicas de fósiles, tomadas de moldes de los fósiles reales. Esta reproducción de *Barosaurus* está en el Museo Americano de Historia Natural. No todos los científicos opinan que el *Barosaurus* se erguía así.

Fabricación de un modelo

Muchos museos exhiben reconstrucciones de dinosaurios, como la que aparece abajo. El punto de inicio es un dibujo a escala que detalla cómo encajaban los huesos y los músculos. Con base en esto se hace una armazón de alambre y madera. Un escultor modela el barro alrededor de la armazón y añade detalles como huesos y textura de la piel. El modelo de barro se usa para crear un molde de hule, para poder hacer una versión en resina. Por último, el molde se pinta a mano y con un aerógrafo.

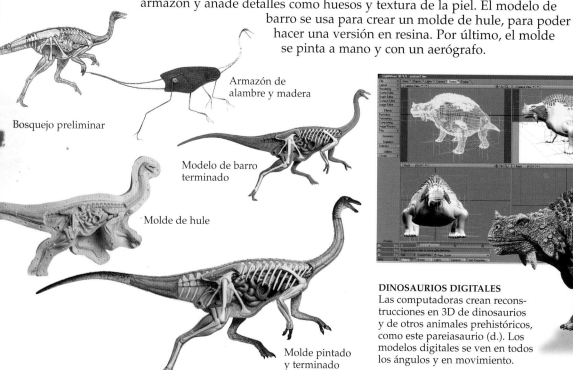

Bosquejo preliminar

Armazón de alambre y madera

Modelo de barro terminado

Molde de hule

Molde pintado y terminado

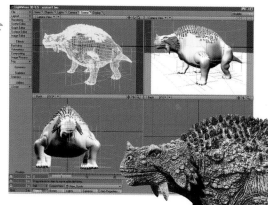

DINOSAURIOS DIGITALES
Las computadoras crean reconstrucciones en 3D de dinosaurios y de otros animales prehistóricos, como este pareiasaurio (d.). Los modelos digitales se ven en todos los ángulos y en movimiento.

Vértebra del cuello
de un *Baryonyx*

*Raspones
ligeros*

UNA CARGA DE HUESOS VIEJOS
Durante el siglo XIX, cuando descubrieron a los dinosaurios
(págs. 8-9), el escultor Benjamin Waterhouse Hawkins creó
modelos de dinosaurios primero en Gran Bretaña y
luego en EE. UU. Éste es su taller en Nueva York.

VÉRTEBRA
Esta vértebra
perteneció al
dinosaurio recién
descubierto *Baryonyx*,
reconstruido abajo. El
hueso tiene una forma
muy complicada y estaba
enterrado en roca muy
dura. Los raspones que
se ven son restos de roca
que aún hay que retirar.

UN BAÑO DE ÁCIDO
A veces, en los laboratorios
usan tinas de ácido para
disolver la roca de los fósiles
sin dañarlos. Las sustancias
químicas utilizadas en este
proceso pueden ser muy peligrosas
y se debe usar ropa protectora cuando
se sumerge el fósil en la tina.

EN AGONÍA
El *Baryonyx* se muestra aquí como se
vería después de morir. Se hundió
en el fondo de un lago, donde
se fosilizó. Un modelo tan
realista muestra cómo se
pueden combinar la
habilidad del científico
y la del escultor para
lograr tal efecto. La
forma en que yace el
dinosaurio se obtuvo
de la posición en la
que se encontraron
los huesos.

Modelo de *Baryonyx* muerto

La cronología

Es INCREÍBLE PENSAR que los animales y las plantas han vivido en la Tierra durante más de 700 millones de años. En ese tiempo, una gran variedad ha llegado y desaparecido. Los primeros dinosaurios aparecieron hace 210 millones de años (M. A.) al final de lo que se conoce como el Período Triásico. Estuvieron en la Tierra durante el Período Jurásico, hasta hace 64 millones de años, al final del Período Cretácico. Durante los millones de años de vida en la Tierra, el mundo ha cambiado: los continentes se movieron, el nivel del mar se alteró, los climas cambiaron, algunas criaturas se extinguieron. Si observamos los fósiles de los animales que vivieron antes, durante y después de la era de los dinosaurios, podemos ver cómo cambiaron algunas cosas y otras permanecieron casi iguales. Cuando aparecieron los dinosaurios, ninguno de los países del mundo existía. El mundo consistía en una enorme masa de tierra llamada Pangea.

TRILOBITES
Esta criatura vivió en el lecho marino y se movía sobre patas filosas y espinosas. Aunque abundaba en los primeros océanos, se extinguió antes de que aparecieran los dinosaurios.

EN LA NOCHE DE LOS TIEMPOS
Así es como debe haber sido el mundo durante la era de los dinosaurios. Los dinosaurios vivieron durante tres períodos: el Triásico, de 230 a 195 M. A., el Jurásico, de 195 a 141 M. A. y el Cretácico, de 141 a 65 M. A.

ESCARABAJO
Los escarabajos tienen una historia larga y quizá fueron la presa de los primeros reptiles y anfibios, como son ahora.

Dientes chicos puntiagudos

260 M. A.:
ANFIBIOS
Los anfibios vivieron antes y durante la era de los dinosaurios y aún están aquí. Las ranas son anfibios. Respiran y se mueven en la tierra, pero desovan en el agua (pág. 44).

260 M. A.:
PRIMEROS REPTILES
Lado interior del cráneo de un reptil similar a un lagarto, llamado *Captorhinus*. Comía insectos pequeños y caracoles con sus dientes chicos y puntiagudos.

230 M. A.:
PEZ CELACANTO
Los primeros celacantos conocidos aparecieron hace 390 M. A. Se pensaba que se habían extinguido, pero se ha descubierto que hay muchos vivos.

Espacios para músculos de mandíbula

230 M. A.:
PROCOLOFON
Éste es el cráneo de un reptil que se alimentaba de raíces y tubérculos.

El ESCORPIÓN
Los escorpiones actuales pertenecen a un antiguo grupo que data de hace 400 M. A.

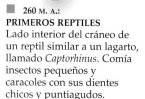

230 M. A.:
DIICTODON
Achaparrado y con forma de cerdo, el dueño de este cráneo de reptil comía plantas. Vivió al inicio del Período Triásico.

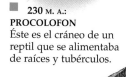

FÓSIL VIVIENTE
Este pez pulmonado tiene parientes fósiles que datan de hace 390 M. A.

200 M. A.:
MEGAZOSTRODON
Este modelo se basa
en un esqueleto
único encontrado
hace unos años. Fue
uno de los
primeros
mamíferos y vivió
junto con los
primeros
dinosaurios.

Cuenca del ojo

205 M. A.:
MASSETOGNATHUS
Los últimos reptiles que parecían mamíferos aparecieron antes de
los primeros dinosaurios; eran grandes y con apariencia de perros.
Se extinguieron al llegar los dinosaurios, pero sobrevivieron mamíferos
más chicos similares a roedores.

210 M. A.:
RIOJASUCHUS
Este cráneo perteneció a un predecesor inmediato de
los primeros dinosaurios, uno de los tecodontos o reptiles
"dientes de alveolo". Era semejante a un cocodrilo
con patas largas y tenía poderosos dientes y mandíbulas.

*Dos Thecodontosaurus
alimentándose*

200 M. A.:
THECODONTOSAURUS
Un fragmento de mandíbula
de un dinosaurio. Los fósiles de
los primeros dinosaurios
están mal conservados.

200 M. A.:
ICHTHYOSAURUS
Los ictiosaurios eran reptiles nadadores que florecieron
durante la era de los dinosaurios. Este remo (una
extremidad) lo usaba el animal para
empujarse en el agua. El hocico del
Ichthyosaurus era largo, angosto y puntiagudo.

*Hocico largo
y angosto*

200 M. A.:
COCODRILO
La forma del cráneo de un
cocodrilo no ha cambiado mucho
a través de los años. Tener hocico
largo alineado con dientes es una de
las mejores formas para atrapar a una
presa que nada. El hocico de este cocodrilo
es angosto, lo que sugiere que prefería los peces.

La historia continúa…

PODER QUE PERMANECE
Los cocodrilos vivieron antes,
durante y después del reinado
de los dinosaurios y aún viven
actualmente. El ser depredadores
agresivos y vivir en los ríos les
ha sentado de maravilla.

PRIMEROS DÍAS
El Thecodontosaurus podía comer plantas
y carne (pág. 23). Uno de estos dos
se alimenta con cicadáceas y
el otro está a punto de atacar
a un lagarto.

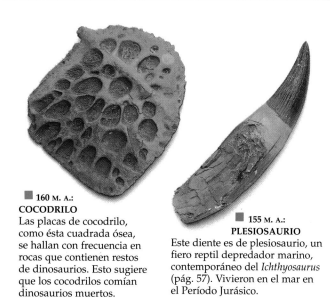

■ **160 M. A.:**
COCODRILO
Las placas de cocodrilo, como ésta cuadrada ósea, se hallan con frecuencia en rocas que contienen restos de dinosaurios. Esto sugiere que los cocodrilos comían dinosaurios muertos.

■ **155 M. A.:**
PLESIOSAURIO
Este diente es de plesiosaurio, un fiero reptil depredador marino, contemporáneo del *Ichthyosaurus* (pág. 57). Vivieron en el mar en el Período Jurásico.

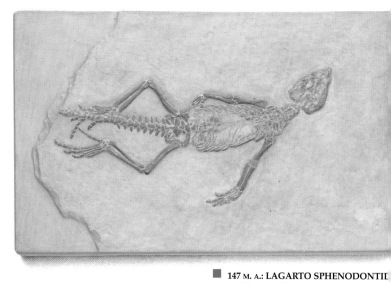

■ **147 M. A.: LAGARTO SPHENODONTIL**
Los reptiles, similares a lagartos, como éste, tienen una larga historia. Vivieron en la era de los dinosaurios.

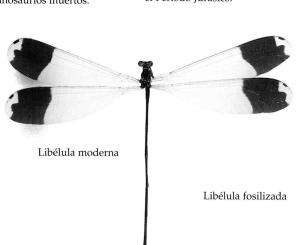

Libélula moderna

Libélula fosilizada

■ **140 M. A.:**
LIBÉLULA
Las libélulas pueden llamarse "fósiles vivientes": volaban en el cielo hace 320 M. A. y aún existen.

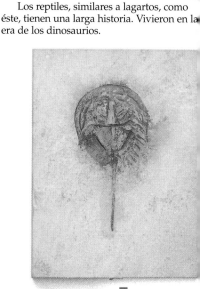

■ **140 M. A.:**
CENTOLLA
Las centollas apenas están relacionadas con los cangrejos. Existen desde antes de la era de los dinosaurios.

■ **140 M. A.:**
GRYODUS
Muchos tipos de peces óseos como éste vivieron al mismo tiempo que los dinosaurios. La mayoría se fosilizaron en sedimentos finos de lagos y se conservaron con gran detalle.

Chorlito gris

APARICIÓN DE LAS AVES
Las primeras aves aparecieron a finales del Período Jurásico, hace 150 M. A. Sin embargo, no dominaron los cielos hasta que se extinguieron los pterosaurios (al mismo tiempo que los dinosaurios).

■ **145 M. A.:**
PTERODACTYLUS
Los pterosaurios, reptiles voladores, dominaron el cielo mientras los dinosaurios reinaban en la tierra. Algunos eran del tamaño de un gorrión; otros, tan grandes como aviones chicos. Los más grandes bajaban en picada para atrapar peces en el agua y los más chicos, como este *Pterodactylus* (d.), atrapaban insectos en el aire.

VOLAR…

s posible que en el Período Jurásico, el cielo
aya estado lleno de pterosaurios que buscaban
u presa al amanecer o al atardecer. Su lugar lo
cupan en la actualidad las aves que se
limentan en vuelo, como los vencejos
las golondrinas.

EL GRAN SOBREVIVIENTE

La cucaracha es uno de los grandes
sobrevivientes de la naturaleza. Las
cucarachas han vivido en la Tierra
desde antes de la era de los
dinosaurios y a juzgar por su éxito al
vivir en el entorno humano parece
que sobrevivirán en el futuro.

Cucaracha

Serpiente acuática mocasín

SERPIENTES EN ESCENA

Las serpientes aparecieron a
finales del Período Cretácico.
Son una especie de lagartos
modificados sin extremidades.

136 M. A.: DRYOSAURUS

Fémur (hueso del muslo) de
un dinosaurio herbívoro
nico y veloz. Usaba su
elocidad para huir
e depredadores.

Fémur de *Dryosaurus*

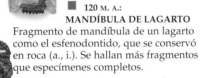

120 M. A.: MANDÍBULA DE LAGARTO

Fragmento de mandíbula de un lagarto
como el esfenodontido, que se conservó
en roca (a., i.). Se hallan más fragmentos
que especímenes completos.

120 M. A.: COCODRILO

ráneo (d.) de un cocodrilo que
ivió al inicio del Período Cretácico.

115 M. A.: IGUANODON

Éste es un hueso de la cola de un
Iguanodon, un dinosaurio herbívoro
(págs. 8-9). El *Iguanodon* vivió sólo
en el Período Cretácico.

120 M. A. : DIENTES

Estos dientes de cocodrilo
datan de hace 120 M. A.,
pero son
similares a
los de los
cocodrilos
actuales.

La historia continúa…

120 M. A.: PLACA

Parte de la armadura ósea de un cocodrilo;
esta placa perteneció a un cocodrilo que
vivió durante el Período Cretácico.

110 M. A.: GASTRÓPODO

Diferentes tipos de caracoles vivieron
durante la era de los dinosaurios.

El fin de una era

CUANDO EL PERÍODO CRETÁCICO llegó a su
fin, los dinosaurios fueron cada vez menos
numerosos, hasta que finalmente desaparecieron.
Al mismo tiempo, hubo cambios en la Tierra. Los
continentes se separaron por tramos anchos de mar.
El nivel del mar subió e inundó gran parte de la tierra baja
donde vivían muchos tipos de dinosaurios. Varios grupos de
animales marinos se extinguieron. En lugar de que el clima estuviera
siempre cálido, empezó a ser más variable o estacional. Los tipos de
plantas que vivían entonces también cambiaron:
las plantas con flores fueron cada vez más
importantes. Al extinguirse los dinosaurios,
dejaron el camino libre a un nuevo grupo
reinante en la Tierra: los mamíferos.

NO VIVIÓ MUCHO
El formidable *Mosasaurus* sólo vivió hasta
el final del Período Cretácico y se
extinguió junto con los dinosaurios.

■ **70 M. A.:**
MOSASAURO
Este lagarto
marino gigante
usaba sus dientes
puntiagudos
para romper
las conchas de
animales como
los amonites
(pág. 48).

Caparazón de tortuga

■ **95 M. A.:**
TORTUGA
Este caparazón de tortuga es una
reliquia del Período Cretácico. Las
tortugas fue otro grupo que medró,
en lugar de extinguirse.

■ **90 M. A.:**
ALBERTOSAURUS
El dueño de este hueso de un dedo fue un gran
dinosaurio carnívoro. Pocos de estos carnívoros
sobrevivieron al final de la era de los dinosaurios.

■ **100 M. A.:**
ICHTHYOSAURUS
Incrustado en la roca, estos dientes
filosos y puntiagudos pertenecieron a
un *Ichthyosaurus* (pág. 57). Los reptiles
marinos como éste se extinguieron al
mismo tiempo que los dinosaurios.

Escamas

■ **75 M. A.:**
CANGREJOS
Están
relacionados
con las
langostas y no
se extinguieron
(pág. 58).

Cangrejo

■ **85 M. A.:**
MARSUPIAL
Éste hueso de mandíbula es de un mamífero
con bolsa (como un canguro). Los marsupiales
ahora sólo se encuentran en Australia; vivieron
con los dinosaurios y evolucionaron con
rapidez luego de que
estos últimos
desaparecieron.

■ **90 M. A.:**
PEZ ÓSEO
Los peces óseos con aletas radiales
fueron otro grupo que sufrió
poco daño durante la
"gran extinción".

■ **100 M. A.:**
LANGOSTA
Algunos grupos marinos, como las langostas,
se afectaron poco con la extinción en masa que
sucedió al final del Período Cretácico. Por qué
algunos grupos se afectaron y otros no, es hasta
ahora un gran misterio.

■ **100 M. A.:**
HOJA
Hojas anchas como ésta son típicas de
las plantas con flores que aparecieron
durante el Período Cretácico.

¿ARENQUE ROJO?
Los peces óseos que
conocemos ahora son
muy similares a los de
finales del Cretácico.

Tortuga de carey

TORTUGAS
tortugas y los
pagos pertenecen a
grupo de reptiles que
ambiado muy poco
pariencia desde sus
enes hace 200 M. A.

55 M. A.:
RÁNEO DE TORTUGA

1 M. A.:
HOMO ERECTUS
Los seres humanos fueron una de
las últimas especies que llegó a la
escena siempre cambiante de la
Tierra. Las primeras especies
de seres humanos datan de
hace 1 M. A. (64 M.A.
después de que los
dinosaurios murieron). En
este "breve" período, la
gente dominó la mayor
parte de la tierra y
ello empieza a
tener un efecto
notable en el
ambiente.

Cráneo
humano

25 M. A.:
DIENTE
Los tiburones
existen desde hace
400 M. A. y
han
cambiado
poco.

Cráneo de roedor temprano

LOS BRAQUIÓPODOS
Es uno de los grupos que ha
sobrevivido más tiempo. Los
actuales difieren poco de los
encontrados en rocas que
datan de hace 500 M. A.

Grillo

Araña

Cráneo de *Hyracotherium*
(primer caballo)

35 M. A.:
**INSECTOS
EN ÁMBAR**
El grillo y la araña
se conservaron bien durante
millones de años, por quedar
atrapados en ámbar (resina
fosilizada) que exuda
los pinos.

35 M. A.:
PRIMEROS ROEDORES
Los animales que roen,
como las ratas, existieron hasta
después de que murieron los
dinosaurios y ahora medran.

40 M. A.:
LAGARTO
Esta mandíbula perteneció
a un lagarto terrestre.
Aunque todos los lagartos
marinos gigantes, como
los mosasaurios (págs. 48
y 60) se extinguieron con
los dinosaurios, los chicos
terrestres no se afectaron.

50 M. A.:
CABALLOS
Los caballos aparecieron después de
que se extinguieron los dinosaurios
pronto hubo muchos tipos de
aballos comiendo las nuevas
plantas que crecían. Los primeros
aballos tenían dedos, no pezuñas.

Rosa roja

EL PODER DE LA FLOR
Las plantas con flores que aparecieron
al inicio del Cretácico pronto dominaron
el mundo de las plantas.

SE INICIA EL ZUMBIDO
Las flores con brillantes colores y los aromas de las
flores anunciaron la llegada de las mariposas y las
abejas. Atraídas por los colores y los aromas de ellas,
mariposas, abejas y otros insectos llevaron el polen
de una a otra, como lo hacen en la actualidad.

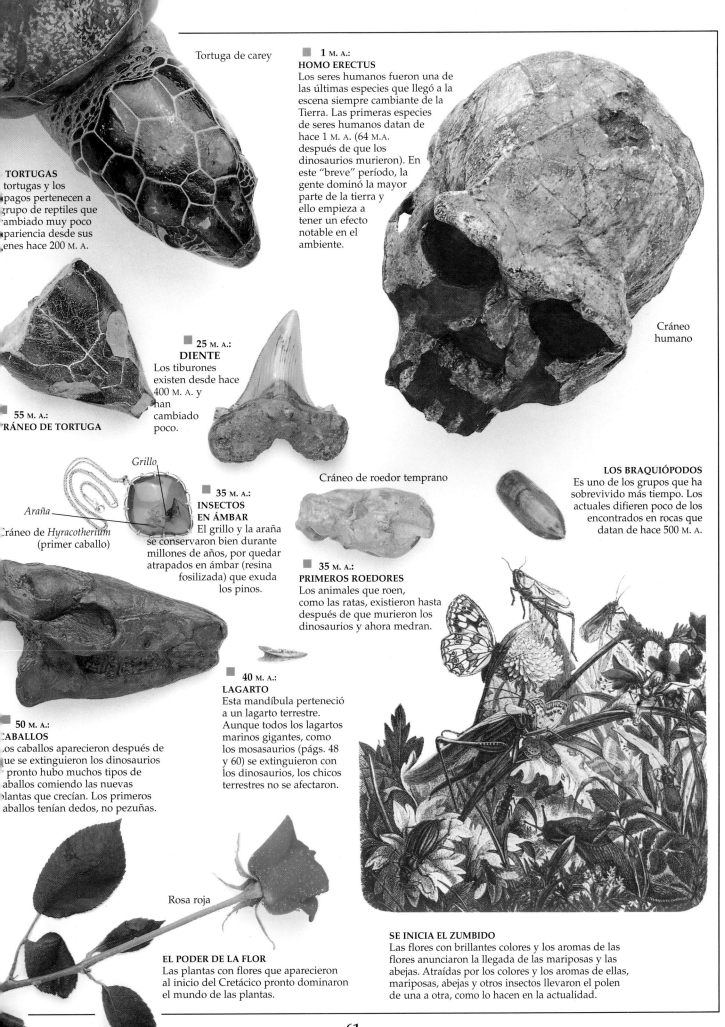

Mitos y leyendas

CUANDO DESCUBRIERON LOS HUESOS de los dinosaurios, la gente no podía creer que estos animales hubieran vivido en la Tierra. En su mente, la gente vinculó a los dinosaurios gigantes con monstruos aterradores. Como se sabía muy poco sobre ellos, al inicio se cometieron muchos errores. Unieron los huesos de dinosaurio en forma errónea (pág. 8) o los mezclaron con otros huesos.

Hoy, los errores respecto a los dinosaurios también son comunes. ¡Los visitantes a los museos suelen pensar que los dinosaurios andaban por el mundo como esqueletos vivientes! Los políticos y los comentaristas utilizan injustamente a los dinosaurios para describir algo que es anticuado, pasado de moda, inservible o ineficaz. Es común pensar que los dinosaurios eran animales grandes y torpes y que se extinguieron porque estaban mal diseñados para enfrentar el mundo en el que vivían. Pero nada está más lejos de la verdad. Los dinosaurios estaban entre los animales más elegantes y sofisticados que ha visto la Tierra y sobrevivieron cerca de 150 millones de años, 75 veces más de lo que los seres humanos han vivido en la Tierra.

UN FINAL EN EL AGUA
Un error común es creer que los dinosaurios eran monstruos marinos, que quizá aún habitan en la profundidad del océano. Ningún dinosaurio vivía sólo en el mar. Los reptiles marinos que compartieron el mundo de los dinosaurios eran plesiosaurios e *Ictiosaurios*.

DINOSAURIO DRAGÓN
El dragón alado de la mitología es similar a los dinosaurios, excepto por las alas. Algunas personas consideran iguales a los dragones y a los dinosaurios. ¡La gran diferencia es que los dragones nunca existieron!

BRONTOSAURUS ERRÓNEOS
Los científicos trabajan con las pruebas disponibles, pero los primeros modelos del *Apatosaurus*, originalmente llamado *Brontosaurus*, se basaron en un error. Su esqueleto carecía de un cráneo y sus huesos se mezclaron con los de otro saurópodo, el *Camarasaurus*. Las reconstrucciones de los museos mostraron al "*Brontosaurus*" con un cráneo redondo y corto hasta la década de 1980, cuando encontraron su cráneo, similar al del *Diplodocus* (pág. 22).

DINOSAURIOS EN LOS ÁRBOLES
Cuando el *Hypsilophodon*, un dinosaurio herbívoro chico y ágil fue descubierto, se pensó que vivía en los árboles. Se creyó que era el dinosaurio equivalente a un canguro arbóreo que vive en Papúa Nueva Guinea. Los científicos pensaron que su cola larga lo ayudaba a balancearse en los árboles y que los dedos filosos en sus patas eran para asirse de las ramas. Luego se demostró que esta teoría es errónea. El *Hypsilophodon* era un dinosaurio que vivía en el suelo y usaba la cola para estabilizarse al correr.

DRAGONES CHINOS
El dragón mítico es un
símbolo importante en la
cultura china. Quizá se originó por el descubrimiento
de restos de dinosaurios. Los chinos han coleccionado
fósiles de dinosaurios durante más de 2,000 años,
pero se refieren a éstos como a huesos de dragón.
Incluso hoy, los "dientes de dragón", que son dientes
fósiles de dinosaurios, los muelen para usarlos
como medicamento, porque creen que tienen
propiedades curativas.

Dos dinosaurios
Hypsilophodon en un árbol

Dedos especiales para
asirse

Cola

Mano adaptada
para asirse a la rama

DINOSAURIOS Y CAVERNÍCOLAS
Algunas películas y caricaturas han
hecho creer que los dinosaurios
compartieron la Tierra con los primeros
hombres. ¡Los dinosaurios se extinguieron
64 millones de años antes de que apareciera
el primer hombre sobre la Tierra!

¿Sabías que…?

DATOS SORPRENDENTES

El *Iguanodon* es uno de los dinosaurios más comunes. En un sitio en Bélgica, entre 1878 y 1881, unos mineros de carbón desenterraron 39 esqueletos de *Iguanodon*.

Garra de *Baryonyx*

Uno de los dinosaurios más raros es el *Baryonyx*. Sólo se ha encontrado uno. Incluye una garra de pulgar de 6 pulg (30 cm) de largo.

Se descubrieron fósiles de dinosaurio del Período Triásico. Uno de los primeros dinosaurios quizá fue el *Eoraptor*, descubierto en Argentina en 1991. Su nombre significa "lagarto saqueador amanecer (o temprano)", porque este carnívoro vivió hace 228 millones de años, al inicio de la era de los dinosaurios.

Se hallaron restos de dinosaurio en Madagascar, África, que puede ser más viejo que el *Eoraptor*, con 234 millones de años. Los restos están en mal estado y los científicos aún discuten el hallazgo.

El primer carnosaurio conocido es el *Piatnitzkysaurus*, del Período Jurásico.

Piel fosilizada de *Saltasaurus*

Primer dinosaurio con nombre, en 1824: el carnosaurio *Megalosaurus*.

El nombre ornitomímido significa "reptil imitación ave", porque los científicos creen que estos dinosaurios eran como aves con patas largas que no volaban, como los avestruces.

Todo lo que los científicos conocieron por varios años del *Troodon* fue un solo diente. El nombre "troodontid" significa "diente hiriente".

El *Troodon* es el troodóntido más conocido. Tiene ojos y cerebro grandes para el tamaño de su cuerpo, lo que le da la reputación de ser uno de los dinosaurios más inteligentes y un cazador exitoso. Los científicos basan esta teoría en la similitud de los canales del nervio óptico y las cajas cerebrales de los fósiles, con las de los animales depredadores modernos.

Los fósiles de troodóntido son raros, porque sus huesos delgados no se conservaron con facilidad.

Dromaeosáurido significa "lagarto corredor". Estos cazadores pequeños y agresivos eran probablemente muy veloces y mortales, con sus colmillos como navaja y enormes garras en los segundos dedos.

Los fósiles del herbívoro *Protoceratops* abundan tanto en el Desierto de Gobi, en Mongolia, que los paleontólogos que buscan fósiles lo llaman la "oveja del Gobi".

Un fósil encontrado en el Desierto de Gobi en 1971 muestra a un *Protoceratops* y a un *Velociraptor* luchando. El *Velociraptor* tenía asido el hocico del herbívoro mientras pateaba su garganta. El *Protoceratops* asió el brazo de su atacante con su fuerte pico. Los animales murieron por sus heridas o por la arena que cayó de una duna cercana.

Los científicos pensaban que los anquilosaurios eran sólo dinosaurios acorazados, hasta el descubrimiento de un saurópodo acorazado, el *Saltasaurus*. Su armadura consistía en placas óseas grandes cubiertas por nódulos óseos más chicos, que cubrían el lomo y los costados.

Los coprolitos (excremento conservado) contienen restos de lo que comieron los dinosaurios, como fragmentos de huesos, escamas de peces o restos de plantas. Los científicos los estudian para conocer la dieta de los dinosaurios.

Un huevo de dinosaurio sólo puede identificarse si se conservó el embrión en el interior. Esto ha sido posible nada más con el *Troodon*, el *Hypacrosaurus*, el *Maiasaura*, el *Oviraptor* y recientemente con un titanosaurio (pág. 65.).

El primer esqueleto completo de titanosaurio se encontró en Madagascar, en julio del 2001. Los titanosaurios tenían un largo de 50 pies (15 m), pero sus huesos eran ligeros y pocos sobrevivieron.

El *Tyrannosaurus* tuvo durante muchos años la reputación de ser el carnívoro más grande, pero la perdió en 1993 cuando hallaron a un carnívoro más grande, el *Giganotosaurus carolinii*, en el sur de Argentina.

Se piensa que el *Giganotosaurus* pesaba lo mismo que 125 personas juntas; su cabeza es del doble de tamaño que la del *Allosaurus*.

Los ojos grandes absorben más luz y mejoran la visión nocturna

Troodon

Las huellas de dinosaurio son más comunes que los huesos fósiles de dinosaurio. A veces reciben nombres científicos, porque es difícil saber con exactitud qué animal dejó una huella específica.

Pocas huellas de dinosaurio muestran las marcas de la cola, lo que indica que los dinosaurios caminaban con la cola elevada.

PREGUNTAS Y RESPUESTAS

P ¿Cuántos tipos de dinosaurio hay?

R Se ha dado nombre a unas 700 especies de dinosaurios. La mitad de éstas se basan en esqueletos incompletos, por lo que algunas quizá no sean especies separadas. Se han nombrado 540 géneros de dinosaurio. De este número, 300 se consideran géneros válidos. La mayoría de los géneros sólo contiene una especie. Algunos científicos creen que puede haber 800 o más géneros de dinosaurios por descubrir.

P ¿Cómo se da nombre a los dinosaurios?

R Los dinosaurios pueden recibir un nombre por una característica de su cuerpo (como *Triceratops,* que significa cara con tres cuernos), por el lugar donde se hallaron (como *Argentinosaurus)* o por la persona que lo descubrió como

Huevos de titanosaurio

Herrerasaurus (lagarto de Herrera). El nombre del animal consiste en el nombre del género y el de la especie. Por ejemplo, el nombre biológico de los humanos es *Homo* (género) *sapiens* (especie).

P ¿Cómo se comunicaban los dinosaurios?

R Los científicos creen que los dinosaurios se comunicaban a través del sonido y de exhibiciones visuales. Las crestas en la cabeza de algunos dinosaurios, como el *Parasaurolophus,* quizá amplificaban gruñidos o llamados. Se cree que los dinosaurios que vivían en los bosques emitían sonidos agudos que se extendían a través de los árboles. Los que vivían en las planicies emitían sonidos bajos, que se transportaban por el suelo. Las exhibiciones visuales incluían posturas, como rascar el piso o sacudir la cabeza.

Psittacosaurus, significa "lagarto loro"

P ¿Los dinosaurios eran de sangre caliente o fría?

R El debate aún continúa respecto a si los dinosaurios tenían sangre caliente, como los mamíferos, o fría, como los reptiles. Los depredadores veloces y ágiles, como el *Deinonychus,* indicarían un modo de vida con sangre caliente. Algunos dinosaurios se encontraron con plumas y sólo los animales de sangre caliente necesitarían ese aislamiento. Algunos dinosaurios, como el *Stegosaurus,* tenían placas en el lomo, quizá para colectar el calor del sol, lo que sugiere que tenían sangre fría. En el 2000, se publicó la investigación sobre el descubrimiento del primer corazón de dinosaurio fosilizado (en 1993). Muchos científicos discuten el hallazgo. La investigación sugiere que el corazón era similar al de las aves y diferente al de los reptiles modernos, por lo que al menos algunos dinosaurios eran de sangre caliente.

P ¿De qué color eran los dinosaurios?

R Los paleontólogos no lo saben con seguridad, pero creen que la mayoría tenía colores brillantes como los reptiles (serpientes y lagartos) y las aves modernos. Algunos quizá tenían la piel con dibujos para ocultarse en la vegetación, y otros, colores brillantes para alejar a depredadores o para encontrar pareja.

P ¿Quién encontró miles de huevos de dinosaurio?

R En 1997, un grupo de científicos argentinos y estadounidenses descubrió miles de rocas del tamaño de toronjas, en un área seca y yerma en la Patagonia, América del Sur. Al acercarse al sitio, notaron que las "rocas" eran huevos de dinosaurio fosilizados. Algunos huevos tenían embriones y los científicos pudieron saber que los bebés no nacidos eran titanosaurios. Las madres regresaban al mismo nido cada año.

Récords

DINOSAURIO MÁS GRANDE
El *Seismosaurus* ("lagarto que sacude tierra") quizá medía 110 pies (34 m) y pesaba 30 toneladas. Algunos científicos creen que el *Argentinosaurus* era más grande y pesaba 50 toneladas. Sin embargo, ambos esqueletos están incompletos.

CARNÍVORO MÁS GRANDE
Los terópodos *Giganotosaurus* ("lagarto enorme") y *Carcharodontosaurus* ("lagarto con dientes de tiburón") medían 46 pies (14 m) de largo.

CABEZA MÁS GRANDE
Incluyendo el escudo de su cabeza, el ceratopsio *Torosaurus* medía 9 pies (2.8 m) de largo, más largo que un auto sedán.

CUELLO MÁS LARGO
El cuello del *Mamenchisaurus* medía hasta 32 pies (9.8 m) y contenía 19 vértebras, lo que correspondía casi a la mitad del largo del cuerpo del animal.

CEREBRO MÁS CHICO
El *Stegosaurus* tenía el cerebro más chico de los dinosaurios conocidos. Pesaba 2.5 onzas (70 g) y era del tamaño de una nuez.

NOMBRE MÁS LARGO
Micropachycephalosaurus

NOMBRE MÁS CORTO
Minmi

Stegosaurus

Clasificación de los dinosaurios

T<small>ODOS LOS SERES VIVOS</small> se clasifican en diferentes grupos, de acuerdo con sus características comunes. La clasificación de los dinosaurios es controversial y se revisa continuamente cuando hay nuevos descubrimientos y las pruebas existentes se reinterpretan. En esta gráfica, los dinosaurios están subdivididos en dos grupos principales: sauristiquios (dinosaurios con cadera de lagarto) y ornistiquios (dinosaurios con cadera de ave). Cada grupo se subdivide en los niveles de familias (con nombres que terminan en "-idae"), género (indicado en la siguiente gráfica en itálicas) y especies. En general, se considera que las aves son los descendientes de los dinosaurios.

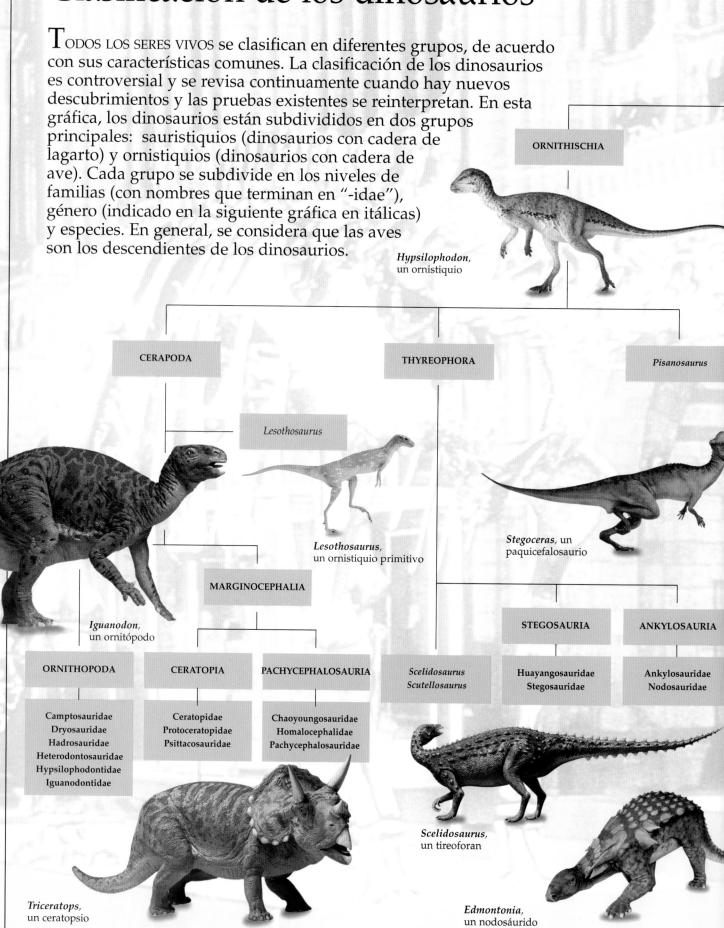

ORNITHISCHIA

Hypsilophodon,
un ornistiquio

CERAPODA

THYREOPHORA

Pisanosaurus

Lesothosaurus

Lesothosaurus,
un ornistiquio primitivo

Stegoceras, un
paquicefalosaurio

MARGINOCEPHALIA

Iguanodon,
un ornitópodo

STEGOSAURIA

ANKYLOSAURIA

| ORNITHOPODA | CERATOPIA | PACHYCEPHALOSAURIA | *Scelidosaurus* *Scutellosaurus* | Huayangosauridae Stegosauridae | Ankylosauridae Nodosauridae |

Camptosauridae
Dryosauridae
Hadrosauridae
Heterodontosauridae
Hypsilophodontidae
Iguanodontidae

Ceratopidae
Protoceratopidae
Psittacosauridae

Chaoyoungosauridae
Homalocephalidae
Pachycephalosauridae

Scelidosaurus,
un tireoforan

Triceratops,
un ceratopsio

Edmontonia,
un nodosáurido

66

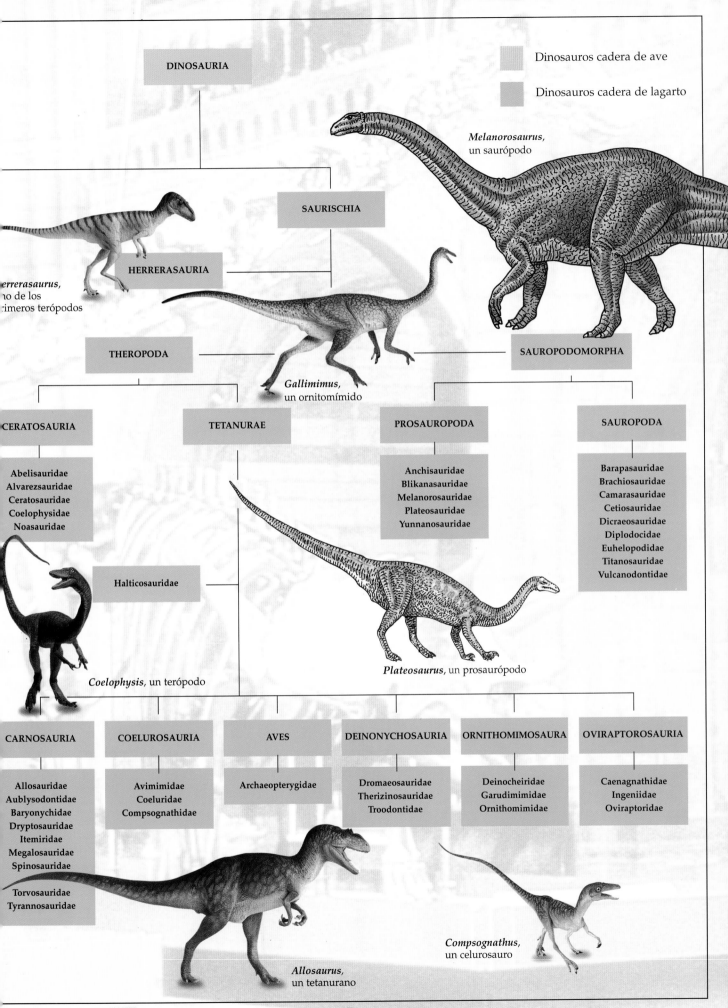

DINOSAURIA

Dinosauros cadera de ave

Dinosauros cadera de lagarto

Melanorosaurus, un saurópodo

SAURISCHIA

HERRERASAURIA

Herrerasaurus, uno de los primeros terópodos

THEROPODA

Gallimimus, un ornitomímido

SAUROPODOMORPHA

CERATOSAURIA

Abelisauridae
Alvarezsauridae
Ceratosauridae
Coelophysidae
Noasauridae

TETANURAE

PROSAUROPODA

Anchisauridae
Blikanasauridae
Melanorosauridae
Plateosauridae
Yunnanosauridae

SAUROPODA

Barapasauridae
Brachiosauridae
Camarasauridae
Cetiosauridae
Dicraeosauridae
Diplodocidae
Euhelopodidae
Titanosauridae
Vulcanodontidae

Halticosauridae

Plateosaurus, un prosaurópodo

Coelophysis, un terópodo

CARNOSAURIA

Allosauridae
Aublysodontidae
Baryonychidae
Dryptosauridae
Itemiridae
Megalosauridae
Spinosauridae

Torvosauridae
Tyrannosauridae

COELUROSAURIA

Avimimidae
Coeluridae
Compsognathidae

AVES

Archaeopterygidae

DEINONYCHOSAURIA

Dromaeosauridae
Therizinosauridae
Troodontidae

ORNITHOMIMOSAURA

Deinocheiridae
Garudimimidae
Ornithomimidae

OVIRAPTOROSAURIA

Caenagnathidae
Ingeniidae
Oviraptoridae

Compsognathus, un celurosauro

Allosaurus, un tetanurano

Descubre más

La gente está tan fascinada con los dinosaurios, que a pesar de que estos sorprendentes animales se extinguieron hace millones de años y ningún ser humano ha visto uno, hay muchos sitios para saber más de ellos. Los museos de historia natural o los museos especializados en dinosaurios exhiben reconstrucciones de tamaño natural, a menudo con efectos de sonido o partes movibles. También puedes hacer un recorrido virtual por muchos museos en Internet, si no puedes visitarlos en persona. Los programas de televisión, como *Walking with Dinosaurs*, de la BBC o películas como *Parque Jurásico*, dan información fascinante y realista sobre la era de los dinosaurios.

CACERÍA DE FÓSILES

Se lleva a cabo mucha investigación antes de que los paleontólogos hagan una expedición en busca de fósiles. Algunos hallazgos importantes de dinosaurios los hicieron aficionados, cuando las rocas con fósiles quedaron expuestas. Los riscos erosionados son los mejores sitios para hallar fósiles, especialmente en la orilla del mar. Antes de iniciar una búsqueda, los coleccionistas deben obtener un permiso para visitar el sitio, si es necesario. Se debe tener cuidado en los sitios costeros, para permanecer lejos de salientes y observar la marea.

Modelo realista de dinosaurio de la película de la BBC El mundo perdido, *basada en la novela de Sir Arthur Conan Doyle, filmada en Nueva Zelandia, en el 2001.*

UNA EXCAVACIÓN

Es posible llevar a cabo una excavación de dinosaurios u observar a los científicos trabajar en el campo. En la Cantera de los Dinosaurios, Monumento Nacional, en Utah, los visitantes de Estados Unidos (d.) pueden ver las excavaciones de fósiles. El Centro de los Dinosaurios, en Wyoming, ofrece recorridos de excavaciones donde puedes reunirte con paleontólogos en unaexcavación de dinosaurios. Para más información, visita el sitio web http://server1.wyodino.org/index.

¡VE UNA PELÍCULA!

Las películas recientes y los programas de televisión de dinosaurios usan imágenes generadas en computadora (en cuales muchas de las imágenes son creadas y animadas por computadora). *Parque Jurásico* fue la primera película en emplear a paleontólogos como consejeros y en presentar a los dinosaurios en la forma más realista posible. Antes, a los dinosaurios les daban vida en la pantalla al pegarle cuernos a los lagartos (*Viaje centro de la Tierra*, 1958) o manipular títeres fuera de la pantalla (*Tierra olvidada por el tiempo*, 1974)

La animación en computadora da vida a una manada de dinosaurios en estampida, en la tercera película de *Parque Jurásico*

Modelo mecánico de tamaño real de un alosauro, usado para tomas en El mundo perdido, *junto con imágenes generadas en computadora*

DETRÁS DEL ESCENARIO
Los huesos fósiles son muy pesados y para las reconstrucciones modernas se usan moldes ligeros que facilitan el montaje. Los huesos originales se almacenan en museos y se usan para investigación. Muchos museos tienen laboratorios, donde los científicos estudian dinosaurios y otros fósiles. Algunos museos permiten a los visitantes observar el trabajo de los científicos.

Sitios para visitar

MUSEO DE HISTORIA NATURAL
Cromwell Road, Londres
www.nhym.ac.uk
Pantallas, exhibiciones interactivas y vídeos te ayudarán a conocer la vida prehistórica. Las atracciones principales incluyen:
• dinosaurios robóticos, en especial, el animatrónico realista *Tyrannosaurus rex*
• un enorme esqueleto de 85 pies (26 m) de largo del *Diplodocus*

ISLA DEL DINOSAURIO
Yaverland, Isla de Wight
www.miwg.freeserve.index.htm
Primer museo de dinosaurios en Europa, donde se han hecho varios hallazgos importantes. Incluye:
• un animatrónico de *Neovenator,* un carnívoro que habitó en la Isla de Wight
• la oportunidad de hacer recorridos y observar a los científicos trabajar

MUSEO AMERICANO DE HISTORIA NATURAL
Central Park West, Nueva York
www.amnh.org
Famoso por su serie de salas de fósiles, este museo tiene actualmente el mayor número de esqueletos de dinosaurios en exhibición. Las principales atracciones incluyen:
• esqueletos de *Tyrannosaurus, Apatosaurus* y *Maniraptor*
• el único molde de un *Stegoceras* joven que se ha encontrado e impresiones de la piel del *Edmontasaurus* y el *Corythosaurus*

MUSEO DE CAMPO DE HISTORIA NATURAL
Lake Shore Drive, Chicago
www.fmnh.org
El museo tiene exhibiciones que cubren 3,800 millones de años de vida en la Tierra; incluyen:
• "Sue", el *Tyrannosaurus* más grande del mundo y el mejor conservado
• restos de algunos de los primeros descubrimientos de dinosaurios en Madagascar, que pueden ser anteriores al *Herrerasaurus* y al *Eoraptor*

MUSEO DE HISTORIA NATURAL DEL INSTITUTO SMITHSONIAN
Washington, D.C.
www.mnh.si.edu
Ésta es una de las colecciones más grandes en EE. UU. y las principales atracciones incluyen:
• dioramas que recrean escenas de los períodos Jurásico y Cretácico
• una sala de descubrimiento, donde se permite tocar los fósiles y observar a los científicos trabajar en el laboratorio de fósiles

CANTERA DE LOS DINOSAURIOS, MONUMENTO NACIONAL
Utah
www.nps.gov/dino/dinos.htm
Ubicado donde se encontraron algunos de los hallazgos más grandes del Período Jurásico; las atracciones principales incluyen:
• la oportunidad de observar a los científicos trabajando en el campo
• exhibiciones de algunos de los dinosaurios norteamericanos hechos aquí, incluyendo saurópodos de cuello largo y herbívoros
• un risco de arenisca en el que se han expuesto más de 1,600 huesos, que representa una pared del Centro de visitantes

Las opiniones recientes sugieren que el Diplodocus *no hubiera podido levantar su largo cuello más alto que los hombros*

...squeleto de ...iplodocus en ...hibición, en el ...stíbulo del Museo ...e Historia Natural, ...n Londres

...ISITA UN MUSEO
A menudo los dinosaurios son las exhibiciones más populares en los museos de historia natural. ...uelen incluir reconstrucciones de tamaño natural para dar la impresión a la gente de cómo ...odían haber sido los dinosaurios. Algunos museos tienen modelos animados por computadora ...ue se mueven de forma muy realista y con efectos de sonido. Las exhibiciones viajeras de otros ...useos te permiten ver dinosaurios descubiertos en diferentes partes del mundo.

La boca de Sue tenía largos y puntiagudos dientes; quizá padecía de dolor de muelas (se piensa que cinco hoyos en su mandíbula inferior fueron una infección)

...ISITA A SUE
...Sue" es el nombre del esqueleto más grande y ...ompleto que se ha hallado de un tiranosaurio. ...o encontró Sue Hendrickson en 1990 ... lo compró el Museo de Campo ...hicago. Sue estuvo en exhibición ...n el 2000. Excepto por el cráneo, ...l esqueleto en exhibición es el ...uténtico. Los huesos estaban tan ...ien conservados, que puedes ver ...etalles finos del sitio donde estaba ...jado el tejido blando, como ...úsculos o tendones.

Glosario

ALOSAURIO ("lagarto extraño") Tetanurano primitivo (dinosaurio carnívoro grande).

AMONITES Cefalópodo perteneciente a un grupo extinto, con concha en espiral. Vivió en los mares mesozoicos.

ANFIBIO Vertebrado de sangre fría, del Período Carbonífero. Sus crías usaban branquias para respirar durante las primeras etapas de la vida. Los anfibios modernos incluyen ranas, tritones y salamandras.

ANQUILOSAURIO ("lagarto fusionado") Dinosaurio ornistiquio herbívoro, acorazado, caminaba en cuatro patas. Tenía placas óseas que cubrían cuello, hombros y lomo, y un pico córneo usado para arrancar plantas.

AVES Pájaros que quizá evolucionaron de dinosaurios terópodos a finales del Jurásico. Algunos científicos usan "aves" para nombrar a los pájaros modernos; a los más primitivos los llaman "avialae".

BÍPEDO Que camina sobre dos extremidades posteriores y no sobre las cuatro.

BRAQUIÓPODO Invertebrado marino con concha bivalva; evolucionó en el Período Cámbrico.

CARNÍVORO Mamífero que come carne, con dientes filosos, como gato, perro, oso o uno de sus parientes y antepasados. La palabra solía describir a todos los animales que comen carne.

CARNOSAURIO
Dinosaurio carnívoro grande, con cráneo y dientes grandes. El nombre se usaba para todos los terópodos, pero ahora se restringe al *Allosaurus* y sus parientes.

Hadrosaurio (*Corythosaurus*)

CEFALÓPODO Molusco marino con ojos grandes y cabeza bien desarrollada rodeada por tentáculos, como pulpo, calamar o sepia.

CERATOPSIO O CERATÓPSIDO ("cara con cuernos") Dinosaurio ornistiquio herbívoro, bípedo y cuadrúpedo, con pico profundo y una gola ósea en la parte posterior del cráneo.

CERATOSAURIO ("lagarto con cuernos") Uno de los dos grupos principales de terópodos.

CICADÁCEA Planta con semillas, similar a la palma, con hojas largas como helecho.

CONÍFERA Árbol que tiene conos, como el pino o el abeto

COPROLITO
Excremento fosilizado.

Fósil de una aleta de plesiosaurio

CRÁNEO Marco óseo de la cabeza, que protege cerebro, ojos, oídos y vías nasales.

CUADRÚPEDO Que camina sobre las cuatro patas.

DINOSAURIO HOCICO DE PATO (*ver* HADROSAURIO)

DIPLODÓCIDO ("rayo doble") Saurópodo herbívoro, de una familia de dinosaurios sauristiquios enormes, con cuello y cola largos.

DROMAEOSÁURIDO ("lagarto corredor") Dinosaurio carnívoro y bípedo, como ave.

EMBRIÓN Planta o animal no nacido, en una primera etapa de desarrollo.

ESCUDO Placa ósea con una cubierta córnea, sobre la piel de un animal, para protegerlo de los dientes y garras de un enemigo.

ESPECIE Nivel bajo del género, en la clasificación de los seres vivos. Los individuos de una especie pueden procrear crías fértiles.

Gingko

EVOLUCIÓN Proceso por el cual una especie mejora otra. La evolución ocurre cuando organismos individuales transmiten mutaciones (cambios en genes que controlan tamaño del cuerpo, forma, color, etc.). Los individuos con mutaciones benéficas las transmiten, y su clase se multiplica y surge una nueve especie.

EXTINCIÓN Muerte de una especie de planta o de animal.

FÓSIL Restos de algo que vivió, que se encuentran conservados en una roca. Es más probable que los dientes y los huesos formen fósiles; no así las partes blandas del cuerpo, como los órganos internos.

GASTROLITO Piedras tragadas por algunos animales, como los saurópodos, para ayudarse a moler la comida en el estómago.

GÉNERO Grupo de organismos relacionados, catalogados entre los niveles de familia y especie.

GINGKO Árbol caduco que alcanza 115 pies (25 m) de altura; evolucionó en el Período Triásico y sobrevive sin cambios hasta la fecha.

HADROSAURIO ("lagarto voluminoso") Dinosaurio con hocico de pato; grande, ornitópodo bípedo y cuadrúpedo, del último Período Cretácico. Usaba el hocico de pato para alimentarse de plantas.

HERBÍVORO Animal que se alimenta de plantas.

IGUANODONTE ("dientes de iguana") Ornitópodo herbívoro, bípedo y cuadrúpedo, de tamaño grande, de principios del Período Cretácico. (*ver también* ORNITÓPODO)

INVERTEBRADO Animal sin espina dorsal.

JURÁSICO Segundo período de la Era Mesozoica, hace 200-145 millones de años.

MAMÍFERO Vertebrado con sangre caliente y pelo, que amamanta a su cría.

MANIRAPTORAN ("manos que agarran") Terópodo tetanurano, con brazos y manos largos; aquí se incluyen a los dinosaurios depredadores como el feroz *Velociraptor* y las aves.

MEGALOSAURIO ("lagarto grande") Terópodo tetanurano primitivo, menos avanzado que un alosaurio.

MESOZOICA "Vida media." Era geológica hace 250-65 millones de años, que contiene los períodos Triásico, Jurásico y Cretácico y la "Era de los dinosaurios". Los dinosaurios se extinguieron al final de esta era.

ORNISTIQUIO ("caderas de ave") Uno de los dos grupos principales de dinosaurios. En los dinosaurios ornistiquios, la pelvis era similar a la de las aves. *(ver también SAURISTIQUIO)*

Cicadácea

ORNITÓPODO ("pies de ave") Dinosaurio ornistiquio bípedo con extremidades posteriores largas.

OVIRAPTÓRIDO ("ladrón de huevos") Dinosaurio terópodo maniraptor con pico y patas largas.

PALEONTOLOGÍA Estudio científico de plantas y animales fosilizados.

PALEONTÓLOGO Persona que estudia la paleontología.

PALEOZOICA "Vida Antigua." Era geológica hace 540-240 millones de años, contiene los períodos Cámbrico, Ordovícico, Silúrico, Devónico, Carbonífero y Pérmico.

PAQUICEFALOSAURIO ("lagarto con cabeza grande") Dinosaurio ornistiquio bípedo, con cráneo grueso.

PERÍODO CRETÁCICO Tercer período de la Era Mesozoica, hace 145-165 millones de años.

PLESIOSAURIO Reptil marino mesozoico grande, con extremidades en forma de aletas y, a menudo, un cuello largo.

PREDADOR *(también DEPREDADOR)* Ave o animal que ataca a animales para comer.

PRESERVACIÓN Mantener algo (como un fósil) libre de daño o descomposición.

PROSAURÓPODO Dinosaurio saristiquio herbívoro, que vivió al final de la era Triásica y a principios de la Jurásica.

PSITACOSAURIO ("lagarto loro") Ornistiquio ceratopsio, herbívoro, del Período Cretácico. Era bípedo, con un pico como de loro.

PTEROSAURIO ("lagarto alado") Reptil volador de la Era Mesozoica, relacionado con los dinosaurios.

RASTRO FÓSIL Rastro dejado por un animal prehistórico, como las huellas, los huevos, las marcas de mordeduras, el excremento y las impresiones fósiles de piel, pelo y plumas.

REPTIL Vertebrado escamoso de sangre fría, que se reproduce poniendo huevos o pariendo en tierra. Los reptiles actuales incluyen lagartos, serpientes, tortugas y cocodrilos.

SANGRE CALIENTE Que mantiene la temperatura del cuerpo en un nivel constante, a menudo por arriba o por abajo del entorno, convirtiendo la energía del alimento en calor. *(ver también SANGRE FÍA)*

SANGRE FRÍA Que depende del calor del sol para calentarse. *(ver también SANGRE CALIENTE)*

SAURISTIQUIO ("caderas de lagarto") Uno de los dos grupos principales de dinosaurios. En los dinosaurios saristiquios, la pelvis era similar a la de los lagartos. *(ver también ORNISTIQUIO)*

SAURÓPODO ("patas de lagarto") Enorme dinosaurio saristiquio cuadrúpedo, herbívoro. Vivió durante casi toda la Era Mesozoica.

SAUROPODOMORFO ("forma de pata de lagarto") Dinosaurio saristiquio cuadrúpedo, herbívoro y grande. Incluye a los prosaurópodos y a los saurópodos.

SEDIMENTO Material depositado por el viento, el agua o el hielo.

STEGOSAURIO ("lagarto con placas") Dinosaurio ornistiquio cuadrúpedo, herbívoro, con dos hileras altas de placas óseas.

TECODONTE ("dientes de alvéolo") Un grupo de arcosauros, que incluye dinosaurios, cocodrilos y pterosaurios.

TERÓPODO ("patas de bestia") Dinosaurio depredador, con dientes y garras filosos.

Dromaeosáurido *(Velociraptor)*

TETANURANO ("cola tensa") Uno de los dos grupos principales de dinosaurios terópodos.

TIRANOSÁURIDO ("lagarto tirano") Terópodo tetanurano carnívoro, bípedo y enorme, caracterizado por una cabeza grande, brazos cortos, dos manos con dos dedos y patas traseras enormes. Vivió durante el final del Período Cretácico, en América del Norte y Asia.

TITANOSAURIO ("lagarto gigante") Enorme saurópodo cuadrúpedo y herbívoro.

TRIÁSICO Primer período de la Era Mesozoica, hace 250-200 millones de años.

Tiranosáurido *(Tyrannosaurus)*

Índice

A

acebo 11
Albertosaurus 60
alimentación 14, 15, 22, 64
alosaurio 67, 70
Allosaurus 23, 38, 64, 67, 70
amonites 48, 60, 70
anfibio 56, 70
anquilosaurio 20, 21, 22, 27, 32, 33, 64, 66, 70
Apatosaurus 12, 43, 62, 69
árbol de araucaria 10
Archaeopteryx 50, 51
Argentinosaurus 12, 65
armadillo 32, 33
armadura 22, 32, 33, 59
aves 22, 29, 44, 48, 50, 51, 58, 59, 66, 70
avestruz 36, 37

B

Bambiraptor 50, 51
Barosaurus 38, 54
Baryonyx 43, 53, 55, 64
bosque 10, 11, 14
Brachiosaurus 12, 14-15
braquiópodo 61, 70
brontosaurio 62

C

caballo 61
cabeza 28-29
Camarasaurus 19, 62
camuflaje 21, 32, 65
cangrejo 60
canguro 18
Captorhinus 56
Carcharodontosaurus 65
carnívoro 14, 19, 20, 23, 33, 30, 32, 42, 43, 50, 70
carnosaurio 24-25, 34, 64, 70
Caudipteryx 50, 51
celacanto 56
celurosaurio 24
centolla 58
ceratopsio 14, 19, 26, 30-31, 44, 46, 65, 66, 70

ceratosaurio 70
Ceratosaurus 25
cerebro 35, 14, 64
chorlito gris 58
cicadácea 10, 11, 15, 26, 27, 57, 70, 71
cocodrilo 7, 20, 32, 48, 57, 58, 59, 71
codorniz 44
Coelophysis 50, 51, 67
cola 18-21
cola de caballo 10, 11, 27
Compsognathus 12, 13, 37, 67
computadoras 54, 68, 69
conífera 10, 14, 15, 23, 26, 70
coprolito 64, 70
cornejo 11
Corythosaurus 28, 69, 70
crecimiento 46, 47
cucaracha 59
cuello 14, 15

D

defensa 14, 20, 21, 25, 28, 30, 33, 35, 38, 42
Deinonychus 19, 42, 65
descubrimiento de los dinosaurios 8
dientes 6, 8, 10, 22, 23, 24-25, 26, 27, 29, 36, 59
digestión 26, 70
Diictodon 56
Dimetrodon 35
dinosaurio acorazado *ver* anquilosaurio
dinosaurio con cuernos *ver* ceratopsio
dinosaurio con placas *ver* stegosaurio
dinosaurio hocico de pato *ver* hadrosaurio
diplodócido 67, 70
Diplodocus 14-21, 23, 33, 38, 43, 46, 62, 69
dromaerosáurido 64, 67, 70, 71
Dryosaurus 59

E

Echinodon 26
Edmontonia 33, 66
Edmontosaurus 27, 28, 69
El mundo perdido 68
Eoraptor 64, 69
escarabajo 56

escorpión 56
espoleta 50, 51
Euoplocephalus 20, 21
Euparkeria 7
extinción 6, 48-49, 60

G

Gallimimus 36, 67
garra 42-43, 64
Gastonia 20
gastrolito 26, 70
gastrópodo 59
Giganotosaurus 64, 65
gingko 11, 50, 70
Gorgosaurus 25
Gryodus 58

H

hadrosaurio 10, 21, 26, 27, 28, 45, 46, 49, 66, 70
Hawkins, Benjamin 9, 55
helecho 10, 11, 15, 27
herbívoro 10, 12, 20, 21, 22, 23, 26, 30, 34, 36, 38, 39, 42, 70
Herrerasaurus 65, 67, 69
Heterodontosaurus 36
huellas 40, 64, 71
hueso de la cadera 6, 18, 49, 71
hueso del dedo 38, 40
hueso en V 18, 19, 34, 35
huevo 44-45, 46, 48, 64, 65, 71
humano 22, 27, 61
Hylaeosaurus 8
Hypacrosaurus 64
Hypsilophodon 36, 37, 62, 63, 66
Hyracotherium 61

I

ictiosaurio 48, 57, 60, 62
iguana 6, 7, 8, 26
Iguanodon 6, 8, 9, 25, 27, 39, 40, 49, 54, 59, 64, 66
iguanodonte 70
insecto 13, 24, 61

L

lagarto 6, 13, 20, 31, 32, 58, 59, 60, 61
langosta 60

laurel 11
león 25
Lesothosaurus 66
libélula 58

M

magnolia 11
Maiasaura 44, 46, 64
Mamenchisaurus 65
mamífero 24, 60, 70
Maniraptor 69
Mantell, Dr. Gideon 8, 9
Mantell, Mary Ann 8
marsupial 60
Massetognathus 57
Massospondylus 23, 42
megalosaurio 70
Megalosaurus 8, 25, 64
Megazostrodon 57
meteorito 49
Micropachycephalosaurus 65
Minmi 65
Morosaurus 19
mosasaurio 48, 60
Mosasaurus 52
músculo 14, 15, 18, 19, 54

N

nacimiento de los dinosaurios 46
Neovenator 69
nido 44-45, 46
Nuthetes 25

O

omnívoro 23, 42, 57
ornistiquio 6, 66-67, 71
Ornithomimus 42
Ornithosuchus 7
ornitomímido 64
ornitópodo 66, 71
Oviraptor 44-45, 64
oviraptórido 71
Owen, Sir Richard 8

P

Pachycephalosaurus 28, 29
palaeontólogo 52, 53, 71
paquicefalosaurio 66, 71
Paralitan 12
Parasaurolophus 10, 28, 29, 65

pareiasaurio 54
Parque Jurásico 68
pasionaria 11
perezoso 8
Período Cretácico 56, 59, 60, 61, 70
Período Jurásico 56, 58, 59, 70
Período Triásico 56, 71
pez 58, 60
pez pulmonado 56
Piatnitzkysaurus 64
piel 32, 54, 65, 69
pierna 6, 16, 36-39
pino 26, 27
Pisanosaurus 66
planta 10, 11, 23, 26, 29, 60, 61
planta con flores 10, 11
Plateosaurus 39, 67
plesiosaurio 48, 58, 62, 70, 71
Polacanthus 32
Procolophon 56
prosaurópodo 67, 71
Proterosuchus 7
Protoceratops 45, 46, 47, 64
psitacosaurio 66, 71
Psittacosaurus 29, 65
Pterodactylus 58
pterosaurio 6, 22, 48, 58, 59, 70
púa ósea 29

R

rastro fósil 40, 71
rinoceronte 30
Riojasuchus 57
roca sedimentaria 52
roedor 61

S

Saltasaurus 64
sangre caliente 65, 71
sangre fría 65, 71
sauriestiquio 6, 71
saurópodo 12, 13, 18, 19, 20, 21, 23, 26, 27, 33, 38, 46, 64, 67, 69, 70, 71
Scelidosaurus 20, 38, 66
Scutellosaurus 66
Seismosaurus 23, 65
Sinornithosaurus 50
Smith, William 9
Staurikosaurus 7
Stegoceras 69
stegosaurio 20, 21, 34-35,

66, 70
Stegosaurus 21, 34, 35, 65
Struthiomimus 36
Styracosaurus 31
Sue 69

T

tecodonte 7, 57, 71
tejo 26
terópodo 24, 65, 67, 68, 71
tetanurano 67, 71
Thecodontosaurus 57
Therizinosaurus 43
tiburón 61
Tyrannosaurus 6, 14, 24, 39, 49, 64, 69, 71
titanosaurio 64, 65, 67, 71
Torosaurus 65
tortuga 60, 61
Triceratops 6, 14, 26, 30-38, 65, 66
trilobites 56
Troodon 24, 50, 64
tuátara 7
Tuojiangosaurus 34-35

V

Velociraptor 42, 64, 70, 71
víbora 59

Y

yeso 53

Reconocimientos

Dorling Kindersley agradece a:
Angela Milner y al equipo del Museo Británico (Historia Natural); Kew Gardens y Clifton Nurseries por su asesoría y las muestras de las plantas para fotografía; Trevor Smith's Animal World; El Instituto de Paleoantropología de Vertebrados, Pekín, por el permiso otorgado de fotografiar los dinosaurios chinos; Brian Carter por proporcionarnos las muestras de las plantas; Victoria Sorzano por la transcripción; William Lindsay por sus recomendaciones en las págs. 52-53 y 54-55; Fred Ford y Mike Pilley de Radius Graphics; Jane Parker por el índice; Richard Czapnik por su colaboración en el diseño; y Dave King por las fotografías especiales de las págs. 6-7 y 10-11.

Créditos fotográficos:
ar. = arriba; ab. = abajo; c. = centro; i. = izquierda; d. = derecha

ANT/NHPA: 7ar.d.;
Artia Foreign Trade Corporation: /Zdenek Burian 10c.;
BBC Hulton Picture Library: 8ar.i., 9ar.c., 31ar.;
Booth Museum of Natural History: 50ab.;
The Bridgeman Art Library: 17ab.i.;
Bruce Coleman Ltd: 14-15; /Jane Burton 6c.i., 13ab.d., 29c.i., 35ar.i., 36ar.i., 57ab.i., 59ar.i.; /Jules Cowan 51ab.d.; /Janos Jurka 34ar.i.;
Corbis: 69ab.; /James L. Amos 68c.d.; /Tom Bean 64-65; /Derek Hall/Frank Lane Picture Agency 68ar.i.;
Albert Dickson: 46ab.i.;
Alistair Duncan: 71c.i.;
Robert Harding: 63ar.d.;
The Illustrated London News: 46ar.i.
The Image Bank: /L. Castaneda 15c.d.;
Kobal Collection: 63c.; *Jurassic Park III* © ILM (Industrial Light & Magic) 68ab.i.;

The Mansell Collection: 28ar.i., 42c.d., 56ar.d.;
Mary Evans Picture Library: 9ab.i., 9c., 12ar.i., 16ab.i., 25c.i., 34c.i., 35ab.c., 62ar.i., 62ab.i., 62c.d.;
Museo Americano de Historia Natural: 44bl, 54tl; /C. Chesak 42ab.i.;
Museo Argentino de Ciencias Naturales, Buenos Aires: 64ab.i.;
Museo Británico (Historia Natural): 52ar.i., 52c.i., 55ar.d.;
Museo de Historia Natural, Londres: 23ab.i., 64ar.i., 65ar.c., 68-69;
Museo de Historia Natural de la Florida del Sur: 51ar.d., 51c.d.
Natural Science Photos: /Arthur Hayward 24ar.d., 29ab.i., 37ar.d.; /G. Kinns 30ar.i.; /C.A. Walker 40ar.i.;
David Norman: 53c.d.;
Planet Earth Pictures: /Richard Beales 32ar.i.; /Ken Lucas 31c.d.;
Rex Features: 66-67, 69c.; /Simon Runtin 68ab.d.;
Royal Tyrrel Museum, Canadá: 66c.d., 70-71;
Science Photo Library: /David A. Hardy 49ar.i.; /Philippe Plailly/Eurelios 65ml, 69ar.;

Investigación iconográfica:
Angela Murphy,
Celia Dearing
Ilustraciones:
Bedrock: 12c., 14ar.i.;
Angelika Elsebach: 21ar.i., 36ab.;
Sandie Hill: 20ab.d., 28ar.d., 44ar.d.;
Mark Iley: 18ab.i.;
Malcolm McGregor: 43ab.i.;
Richard Ward: 26ab.c., 47ab.;
Ann Winterbotham: 10ar.i.;
John Woodcock: 6ar.d., 7c.d., 14ab., 14c.i.